# EXERCICES

ET

# MANŒUVRES DU CANON

A BORD DES VAISSEAUX DU ROI.

## ON TROUVE CHEZ LE MÊME LIBRAIRE

Les ouvrages suivans, dont MM. les lieutenans et enseignes de vaisseau, les élèves de la marine, et le premier maître de timonerie, doivent être pourvus, suivant l'ordonnance de 1827.

---

Ordonnance sur le service à la mer; 1827. 1 vol. in-8°. 6 fr.

Manœuvrier de Bourdé-Villehuet; 1 vol. in-8°. 6 fr.

Règles du pointage du canon à la mer par le capitaine de vaisseau *Montgéry*; 1 vol in-8°., deuxième édition. 5 fr. 50 c.

Manuel de gréement par le capitaine *Costé*; 1 vol. in-8°. 6 fr.

Cours de mathématiques de *Bezout*, avec des notes par MM. Reynaud et de Rossel, comprenant l'arithmétique, la géométrie, l'algèbre et la navigation; ensemble 4 vol. in-8°. 21 fr. 50 c.

Traité élémentaire de Statique par *Monge*; 6e. édit. 1 vol. in-8°. 3 fr. 50 c.

Table de logarithmes par *Callet*; grand papier, 1 vol. in-8°. 15 fr.

Description du cercle de réflexion par *Borda*; 1 vol. in-4°. 5 fr.

Règlement sur les exercices et les manœuvres de l'infanterie (École du soldat et du peloton). 1 fr. 60 c.

Quartier de réduction, 60 c., ou Tables de *Guépratte*; 2 vol. in-8°., avec supplément. 21 fr. 50 c.

Connaissance des temps de l'année courante, si l'on est dans le premier semestre, et celle de l'année suivante, si l'on est dans le deuxième semestre; 1 vol. in-8°. 4 fr.

Dictionnaire de marine, par l'amiral *Willaumez*, avec 157 pavillons coloriés; 1 vol. in-8°. 15 fr.

Grammaire française. 1 fr. 50 c.

Grammaire anglaise. 3 fr. 50 c.

Dictionnaire français et anglais; 2 vol. in-8°. 18 fr.

Traité général de la mesure des bois, par *Secondat*; 2 vol. in-8°., 1829. 8 fr.

Traité du gréement des vaisseaux, par *Lescallier*; 2 vol. in-4°. dont un de planches. 27 fr.

PARIS. — IMPRIMERIE DE FAIN, RUE RACINE, N°. 4,
PLACE DE L'ODÉON.

# EXERCICES

ET

# MANŒUVRES DU CANON

A BORD DES VAISSEAUX DU ROI,

ET

RÈGLEMENS SUR LE MODE D'EXERCICE DES OFFICIERS ET DES ÉQUIPAGES.

## QUATRIÈME ÉDITION

AUGMENTÉE DE NOUVELLES MANOEUVRES DU CANON DES DEUX BORDS, ET DE PLUSIEURS TABLES DE POINTAGE, EXTRAITES DE CHURRUCA; *par* M. E. WILLAUMEZ, *capitaine de vaisseau*.

A PARIS,

CHEZ BACHELIER, LIBRAIRE,

POUR LES MATHÉMATIQUES ET LA MARINE,

QUAI DES AUGUSTINS, N°. 55.

ET CHEZ **TOUS LES LIBRAIRES DES PORTS MARITIMES.**

1830.

# EXERCICES ET MANŒUVRES

## DES BOUCHES A FEU,

A bord des vaisseaux de sa majesté royale.

---

*Gréement d'un canon.*

| NOM DE CHAQUE PARTIE | SON USAGE. |
|---|---|
| Une brague. . . . . . | Ayant ses deux extrémités amarrées au bord, et passant par un trou de chaque flasque, ou par une cosse au-dessus du bouton de culasse.<br>Elle sert à tenir l'affût contre le bord, et à borner son recul. |
| Une estrope de culasse. | Pour accrocher le palan de retraite, lorsque le canon est à la serre. |
| Un raban de volée. . . | Pour tenir la volée à la serre. |
| Une aiguillette. . . . . | Pour serrer la brague et la brider avec les palans, lorsque le canon est à la serre. |
| Une croupière. . . . . | Amarrée à l'essieu de derrière de l'affût.<br>Elle sert à accrocher le palan de retraite. |
| Deux palans de côté. . | Les poulies doubles sont accrochées contre le bord, et les simples aux flasques.<br>Pour manœuvrer le canon et le contenir au roulis. |

| NOM DE CHAQUE PARTIE. | SON USAGE. |
| --- | --- |
| Un palan de retraite. | La poulie double est accrochée à la croupière de l'affût, et la simple, à une boucle de derrière. Pour retenir le canon au recul après le tir, le mettre hors de batterie et à la serre. |
| Deux rabaus.<br>Une itaque.<br>Un palanquin. | Servant à ouvrir et fermer les sabords. |

*Armement d'un canon.*

| NOM DE CHAQUE PARTIE. | EMPLACEMENT dans la batterie disposée pour le combat. |
| --- | --- |
| Une corne d'amorce.<br>Une épinglette.<br>Un dégorgeoir. | Portés de gauche à droite, en bandoulière, par le chef de pièce. |
| Une boîte à étoupilles en fer-blanc. | Attachée autour du corps du chef de pièce par des courroies en cuir. |
| Un doigtier en cuir ou forte peau. | Au chef, pour couvrir la lumière, lorsque la pièce est très-chaude. |
| Un couvre-lumière garni de ses rabans. | Sur la lumière. |
| Une tape. | Pour fermer la bouche de la pièce. |
| Un coussin. Deux coins de mire. | Sur la sole de l'affût, pour le pointage. |

| NOM DE CHAQUE PARTIE. | EMPLACEMENT dans la batterie disposée pour le combat. | |
|---|---|---|
| Un anspect ou levier.. | Entre les servans et l'affût, le plus gros bout du côté du plat-bord. | à gauche. |
| Un gargoussier..... | Contre le bord, derrière le premier servant. | |
| Un boute-feu garni d'une tresse en raban.. | Piqué sur le bord d'une baille, en arrière de la pièce. | |
| Les boulets ronds... | Dans le parc, contre le bord. | |
| Les boulets ramés... | Contre les boulets ronds. | |
| Les mitrailles...... | Contre les boulets. Dans les batteries découvertes elles sont dans des caisses. | |
| Les valets....... | Dans un filet contre le bord. | |
| Bailles.........<br>Faubert........ | A demi-distance des pièces et en arrière.<br>Ils servent à mouiller les poudres qui peuvent se répandre sur le pont, et à rafraîchir la pièce lorsqu'elle est trop échauffée. | |
| Une pince....... | Sur le pont, entre les servans et l'affût, les dents du côté de la culasse et en dessous. | à droite. |
| Un écouvillon.....<br>Un refouloir...... | Sur le pont, entre les servans et l'affût, la tête vers la culasse. | |
| Cuillers........<br>Tire-bourres...... | Placés dans les batteries. | |

*Nota.* L'écouvillon et le refouloir, la cuiller et le tire-bourre sont sur la même hampe pour les calibres de 12 et au-dessous; dans ce cas, la tête de l'écouvillon est tournée du côté de la culasse.

Le dernier servant de droite aura devant lui un petit tablier avec une poche pour contenir les pierres à feu de rechange, et le vieux linge qui doit servir à nettoyer la platine.

Dans les vaisseaux, frégates et corvettes, deux canonniers, par batterie, auront un grand sac qui contiendra un villebrequin, quatre vrilles, un tourne-vis, deux platines de rechange, de la ligne pour faire partir la platinę, et du vieux linge.

Dans les bricks et bâtimens au-dessous de dix canons, il n'y aura qu'un grand sac.

*État des hommes nécessaires pour le service d'un canon.*

| | 36 | 24 | 18 | 12 | 8 | 6 | 4 |
|---|---|---|---|---|---|---|---|
| Chefs de pièce. | 1 | 1 | 1 | 1 | 1 | 1 | 1 |
| Servans. . . . . | 12 | 10 | 8 | 8 | 6 | 4 | 4 |
| Pourvoyeurs. . | 1 | 1 | 1 | 1 | 1 | 1 | 1 |
| TOTAUX. . . | 14 | 12 | 10 | 10 | 8 | 6 | 6 |

Le chef de pièce, qui est le pointeur, est placé derrière la culasse; tous les servans sont distribués également de droite et de gauche, et le premier de droite est le chargeur. Le pourvoyeur, qui va chercher la poudre pendant le combat, est placé derrière le premier servant de gauche, pour avoir soin du gargoussier. Lorsqu'il est dans la batterie, le chef de pièce peut l'employer partout où il le juge nécessaire.

## EXERCICE DU CANON.

### *Avertissement.*

Les pièces devant toujours être chargées lorsque les vaisseaux sont hors des ports, l'exercice commence d'après cette supposition; il commence aussi d'après celle que le branle-bas de combat est fait : à ce commandement général, il est prescrit, 1°. aux pourvoyeurs, d'aller chercher à la sainte-barbe les cornes d'amorce, boîtes à étoupilles, ainsi que les gargoussiers, et aux derniers servans de droite, les tabliers garnis et platines qui ne seront pas susceptibles de rester aux canons; 2°. aux autres servans et canonniers de se rendre à leur pièce, et d'y placer pour le combat les attirails et munitions nécessaires à son service; 3°. à tous les hommes de la pièce de la mettre sur son amarrage simple, en la débarrassant de tout ce qui peut gêner sa manœuvre, ainsi que d'accrocher le palan de retraite à la croupière de l'affût et la boucle de derrière.

Lors des exercices de détail, celui qui commande prononce le commandement et le nombre des temps; il nomme ensuite chaque temps et le détaille. Les canonniers sont attentifs, et ne commencent le mouvement qu'au commendement *action*, qui termine chaque temps.

### *Roulement*[1].

Le roulement indique qu'on va commencer l'exercice, et qu'il faut observer le plus grand silence; alors les chefs de pièce font face au sabord; les servans de droite et de gauche font face à leurs pièces, l'alignement se rectifie sur les deux premiers servans; tous se serrent à bord, de manière que les coudes s'effleurent, la tête haute, l'œil dirigé du côté du chef, les pieds sur le même alignement, le corps d'à-plomb, les bras pendans, les mains dans les rangs, ouvertes et à plat sur les cuisses. A la fin du roulement, chacun reste immobile.

1er. COMMANDEMENT.

*Détapez, démarrez vos canons* [2]. (Un temps.)

Le premier servant de droite détape le canon et place la tape contre le bord derrière lui. Le chef de pièce, aidé des servans placés près de lui, démarre le canon et l'assujettit contre le bord, en passant au collet du bouton de culasse un tour de chaque garant, qu'il fait tenir par les deuxièmes servans de droite et de gauche; puis il ôte le couvre-lumière et le passe au troisième servant de droite, qui le met près du bord, en arrière des servans. — *Action.*

2e. COMMANDEMENT.

*Dégorgez, amorcez* [3]. (Un temps.)

Le chef de pièce prend le dégorgeoir de la main droite, perce la gargousse, et s'assure, au mouvement du poignet et à la longueur de la sonde, qu'elle est percée; il ouvre la boîte à étoupilles, en prend une et la ferme promptement; puis il décoiffe l'étoupille et l'introduit dans la lumière; il prend la corne d'amorce de la main droite, ouvre le bassinet de la main gauche, le remplit de poudre, le ferme promptement et passe la corne d'amorce derrière lui. — *Action.*

3e. COMMANDEMENT.

*Pointez*[4]. (Trois temps.)

1er. *Temps.* Le chef de pièce se place à droite du palan de retraite, le pied gauche en avant et à plat, le genou plié, la jambe droite allongée, la main gauche sur la plate-bande du canon, et la main droite à la poignée du coin de mire; les troisièmes servans, aidés des quatrièmes pour les gros calibres, prennent les pinces et anspects, les placent sur les adents de l'affût, élèvent ou baissent la culasse au commandement du chef de pièce, jusqu'à ce que le canon soit à bonne hauteur. — *Action.*

2e. *Temps.* Les mêmes servans embarrent aux flasques pour diriger la pièce à droite ou à gauche; le chef décapelle les garans, en charge les derniers servans, aidés de ceux qui ne sont pas occupés au pointage, pour que tous contiennent la pièce au sabord; puis il arme la platine, en prend le cordon de la main droite et se porte vivement en arrière, au-delà du recul du canon. Il pointe en s'inclinant et en mettant dans le même alignement son œil, le point de mire de la culasse et celui de la volée. — *Action.*

3e. *Temps.* Lorsque le pointage est fini, le chef fait le commandement, *à postes*, auquel les servans, chargés des pinces et anspects, les retirent de dessous les flasques, viennent reprendre leur alignement, et les tiennent le bout posé sur le pont, de manière que les roues de l'affût ne puissent passer dessus en cas de recul de la pièce. — *Action.*

4e. COMMANDEMENT.

*Au boute-feu.* (Un temps).

Le dernier servant de gauche saisit le pied du boute-feu de la main droite; il en prend la tête de la main gauche; il se place vis-à-vis l'essieu de derrière faisant face au sabord; il se baisse, pour souffler la mèche, bien au-dessous de la hauteur de la lumière, le porte ensuite à quatre doigts de la plate-bande de culasse pour mettre le feu au commandement du chef. — *Action.*

5e. COMMANDEMENT.

*Feu*[5]. (Deux temps.)

1er. *Temps.* Si le pointage est bon, le chef de pièce cherche le moment favorable pour tirer; et, dès qu'il l'a trouvé, il l'indique par un signal; puis il fait feu en donnant un coup de poignet, sec, au cordon de la platine. Si le coup ne part pas, et que le chef juge sa direction bonne, il fait le commandement *feu,* dès que la position du bâtiment le permet; alors le servant l'exécute en portant la mèche à l'aigrette de l'étoupille, de manière que le boute-feu ne soit pas au-dessus de la lumière; puis il le retire vivement et le porte à sa place, dès que le coup est parti.

A ce même signal pour faire feu, les servans chargés des garans de palans les laissent tomber hors de la direction des roues; ceux qui ont l'anspect et la pince les posent sur le pont; tous les servans, à l'exception des premiers de droite et de gauche, se portent vivement au palan de retraite, pour l'abraquer au recul et même le palanquer, si le canon n'est pas assez rentré. Le premier servant de droite prend la pince par le gros bout, pour caler les roues, dès que l'affût n'est plus au sabord; il doit aussi parer les palans et bragues avec le premier servant de gauche, et le dernier servant de gauche fait une demi-clef sur le palan de retraite. — *Action.*

2ᵉ. *Temps.* Les troisièmes servans de droite et de gauche, aidés des quatrièmes pour les gros calibres, prennent la pince et l'anspect, l'embarrent sous la culasse et l'élèvent suivant l'indication du chef, qui place le coussin et le coin de mire, de manière à mettre la pièce à même d'être chargée; les autres servans rouent les garans de palans de côté et de retraite; l'anspect est remis à sa place, la pince en travers des roues, et chacun retourne à son poste. — *Action.*

### 6ᵉ. COMMANDEMENT.

*Bouchez la lumière; écouvillonnez* [6]. ( Deux temps. )

1er. *Temps*. Le chef de pièce prend le dégorgeoir de la main droite, et l'enfonce dans la lumière pour voir si elle est dégagée ; il la bouche bien ensuite avec le pouce de la main gauche, jusqu'à ce que la pièce soit chargée, ne l'ôtant que pendant les momens où il se sert du dégorgeoir ; le premier servant de droite se porte en même temps à la volée du canon, en passant par-dessus les palans et bragues, et le deuxième servant lui remet l'écouvillon, qu'il enfonce aussitôt au fond de la pièce. — *Action*.

2e. *Temps*. Le premier servant de droite tourne plusieurs fois l'écouvillon au fond de la pièce, dans le même sens, qui est celui nécessaire pour faire prendre son tire-bourre, et il le retire en le tournant du même côté ; il le pose sur la volée de la pièce, le secoue trois ou quatre fois pour faire tomber les culots des gargousses et la crasse.

Le chef de pièce passe le dégorgeoir dans la lumière, pour s'assurer qu'elle est parée ; si elle ne l'est pas, il fait repasser l'écouvillon dans l'âme, pour écouvillonner de nouveau, jusqu'à ce qu'elle soit dégagée, et il rebouche la lumière. Le dernier servant de droite en même temps nettoie la platine, met son chien au repos, puis il reprend son poste.—*Action*.

### 7e. COMMANDEMENT.

*Au refouloir*. (Un temps.)

Le premier servant remet au second l'écouvillon ; il reçoit de lui le refouloir, dont il place le bouton sur la tête de l'affût, et tient la hampe des deux mains. Si c'est du petit calibre, il change l'écouvillon en refouloir, qui se trouve sur la même hampe. — *Action.*

8e. COMMANDEMENT.

*La gargousse dans le canon ; à la poudre* [7]. (Un temps.)

Le premier servant de gauche fait un demi-à-gauche, reçoit du pourvoyeur la gargousse, qu'il place dans le canon, le culot le premier, la couture en dessous. Le second servant prend un valet, qu'il remet au premier, pour le placer sur la gargousse; le premier servant de droite les enfonce avec le refouloir jusqu'au fond du canon, allonge le bras droit de toute sa longueur, a la main gauche sur la volée du canon, et le corps un peu incliné en avant, prêt à refouler. Dès que le pourvoyeur a remis la gargousse, il va en chercher une autre, ayant le gargoussier sous le bras gauche, et la main droite sur son couvercle.

9e. COMMANDEMENT.

*Refoulez* [8]. (Un temps.)

Le premier servant de droite refoule trois coups et abandonne la hampe du refouloir en effaçant le corps.

Le chef de pièce passe le dégorgeoir dans la lumière, pour s'assurer que la gargousse est rendue; si elle ne l'est pas, il fait refouler de nouveau; si elle l'est, il fait un signal de la main, auquel le premier servant retire le refouloir et en place le bouton sur la tête de l'affût; en même temps le second servant de gauche se baisse vivement et prend un boulet, qu'il remet au premier; il prend ensuite un valet. — *Action.*

10e. COMMANDEMENT.

*Le boulet et le valet dans le canon* [9]. (Un temps.)

Le premier servant de gauche met le boulet dans le conon, l'empêche de tomber en plaçant la main droite devant la bouche de la pièce; il reçoit du second servant le valet, qu'il prend de la main gauche et qu'il place sur le boulet.

Le premier servant de droite enfonce aussitôt le valet sur le boulet avec le refouloir; il s'assure qu'il est rendu par la longueur de la hampe, en rend compte au chef; il allonge le bras droit de toute sa longueur, a la main gauche sur la volée et le corps incliné en avant, prêt à refouler; les premier et second servans de gauche reprennent leur poste. — *Action.*

11e. COMMANDEMENT.

*Refoulez.* (Un temps.)

Le premier servant de droite refoule deux coups; il retire le refouloir et le passe au second, qui le pose sur le pont.

Si c'est du petit calibre, il change le refouloir en

écouvillon : les premier et second servans de droite reprennent leur poste. — *Action.*

### 12<sup>e</sup>. COMMANDEMENT.

*En batterie.* (Deux temps.)

1<sup>er</sup>. *temps.* Le premier servant de droite décale les roues et pose la pince à sa première place ; puis, avec le premier servant de gauche, ils soutiennent les bragues pour éviter qu'elles ne s'engagent pendant le mouvement.

Le dernier servant de gauche défait la demi-clef du palan de retraite, et tient le garant pour filer à mesure que la pièce ira en batterie.

Tous les autres servans se rangent sur les palans de côtés. — *Action.*

2<sup>e</sup>. *temps.* Le chef de pièce commande, *palanquez ;* tous les servans agissent ensemble pour mettre la pièce en batterie, droit au milieu du sabord ; et aussitôt qu'elle y est, le chef a soin de l'assujettir, en passant un tour de chaque garant au collet du bouton ; les garans sont tenus par les deuxième servans de chaque côté. — *Action.*

*Nota.* Si l'on continue l'exercice, on reprend au second commandement ; si l'on ne continue pas, on termine par le commandement qui suit.

Ce commandement suppose que l'amarrage des canons doit être simple ; s'il devait être à la serre, ou de tout autre genre, il faudrait l'énoncer et le faire exécuter en conséquence.

### 13e. COMMANDEMENT.

*Tapez, amarrez vos canons.* (Deux temps.)

1er. *Temps.* Le troisième servant de droite remet le couvre-lumière au chef de pièce, qui l'amarre sur la culasse, et qui ensuite décapelle les palans et les fait tenir par les derniers servans; il fixe, entre les flasques et les garans, le mou de la brague, qui est soutenu par les deuxièmes servans; il fait roidir les palans par tous les servans; il les arrête par un tour mort au collet du bouton, et en passant le double de chaque garant entre ce garant et la plate-bande de culasse de dessus en dessous. — *Action.*

2e. *Temps.* Le premier servant de droite met la tape au canon; les autres servans rouent les garans de palans, les amarrent le long des flasques, et mettent les attirails nécessaires à la manœuvre aux places où ils étaient auparavant. Le dernier servant de gauche décroche le palan de retraite et le place sur le canon; le pourvoyeur reporte à la sainte-barbe les cornes d'amorce, boîtes à étoupilles et gargoussiers; le dernier servant de droite y apporte aussi les tabliers et les platines qui ne sont pas susceptibles de rester aux pièces. — *Action.*

*Roulement.*

Au roulement, chacun reprend son poste, comme au commencement de l'exercice, et ne le quitte que lorsqu'on bat la breloque.

### *Gréement et armement d'une caronade à brague fixe.*

| NOM DE CHAQUE PARTIE. | EMPLACEMENT dans la batterie disposée pour le combat. | |
|---|---|---|
| Une brague. . . . . . | Amarrée à bord. Elle passe par le trou de brague placé sur le bouton de la culasse : elle sert à empêcher le recul. | |
| Une corne d'amorce. . Une épinglette. . . . . Un dégorgeoir. . . . . | Portés de gauche à droite en bandoulière par le chef de pièce. | |
| Une boîte à étoupilles en fer-blanc. . . . . | Attachée autour du corps du chef de pièce par des courroies en cuir. | |
| Un doigtier en cuir ou forte peau. . . . . . | Au chef pour couvrir la lumière lorsque la pièce est très-chaude. | |
| Un couvre-lumière garni de ses rabans. . . | Sur la lumière. | |
| Une tape. . . . . . . . | Pour fermer la bouche de la pièce. | |
| Une vis de pointage. . | Sur le bouton de culasse pour hausser ou baisser la caronade. | |
| Un levier en fer. . . . | Tenu à la semelle par une goupille, pour diriger le pointage. | |
| Un gargoussier. . . . . | Contre le bord, derrière le servant. | à gauche. |
| Un boute-feu garni d'une tresse en raban. . . . | Piqué sur le bord d'une baille en arrière de la pièce. | |
| Les boulets ronds. . . . | Dans des parcs contre le bord. | |
| Les mitrailles. . . . . . | Contre les boulets, dans des caisses. | |
| Les valets. . . . . . . . | Dans un filet contre le bord. | |
| Un écouvillon. . . . . Un refouloir. . . . . . | Sur le pont, entre les servans et l'affût, la tête vers la culasse. | |

| NOM DE CHAQUE PARTIE. | EMPLACEMENT dans la batterie disposée pour le combat. |
|---|---|
| Les bailles.<br>Les fauberts. | A demi-distance de la pièce et en arrière. Ils servent à mouiller les poudres qui peuvent se répandre sur le pont, et à rafraîchir la pièce, lorsqu'elle est trop chaude. } à gauche. |

Il y aura, par deux caronades, un coin de mire pour suppléer aux vis de pointage; plus un anspect et une pince pour les cas imprévus.

Le servant de gauche aura devant lui un petit tablier avec une poche pour contenir les pierres à feu de rechange, et le vieux linge qui doit servir à nettoyer la platine.

Quant aux grands sacs, on se conformera à ce qui est prescrit pour les canons.

*Etat des hommes nécessaires pour le service d'une caronade de tout calibre à brague fixe.*

| | |
|---|---|
| Chef de pièce | 1 |
| Servans | 2 |
| Pourvoyeur | 1 |
| TOTAL | 4 |

Le chef de pièce, qui est le pointeur, est placé derrière la culasse; un servant, placé à droite, est le chargeur, et l'autre servant est à gauche. Le pourvoyeur, qui va chercher la poudre pendant le combat, est placé derrière le servant de gauche, pour avoir soin du gargoussier.

Lorsqu'il est dans la batterie, le chef de pièce peut l'employer partout où il le juge nécessaire.

## EXERCICE DES CARONADES A BRAGUES FIXES.

### *Avertissement.*

Les pièces devant toujours être chargées lorsque les vaisseaux sont hors des ports, l'exercice commence d'après cette supposition ; il commence aussi d'après celle que le branle-bas de combat est fait · à ce commandement général, il est prescrit, 1°. aux pourvoyeurs, d'aller chercher à la sainte-barbe les cornes d'amorce, boîtes à étoupilles, ainsi que les gargoussiers, et aux servans de gauche, les tabliers garnis et platines qui ne sont pas susceptibles de rester aux caronades ; 2°. aux autres servans et canonniers de se rendre à leurs pièces, et d'y placer, pour le combat, les attirails et munitions nécessaires à leur service ; 3°. de mettre le levier de pointage en place, et de visiter les amarrages des bragues.

### *Roulement* [1].

Le roulement indique qu'on va commencer l'exercice, et qu'il faut observer le plus grand silence ; alors les chefs de pièce font face au sabord ; les servans de droite et de gauche font face à leurs pièces ; l'alignement se rectifie sur les deux premiers servans ; tous se serrent à bord, de manière que les coudes s'affleurent, la tête haute, l'œil dirigé du côté du chef, les pieds sur le même alignement, le corps d'à-plomb, les bras pendans, les mains dans les rangs, ouvertes et à plat sur les cuisses : à la fin du roulement, chacun reste immobile.

### 1er. COMMANDEMENT.

*Détapez vos caronades, démarrez le couvre-lumière*[2]. (Un temps).

Le chargeur ôte la tape de la caronade et la place contre le bord, derrière lui.

Le chef de pièce démarre le couvre-lumière et le place près du bord, en arrière du servant de droite. — *Action*.

### 2e. COMMANDEMENT.

*Dégorgez, amorcez*[3]. (Un temps).

Le chef de pièce prend le dégorgeoir de la main droite, perce la gargousse, et s'assure, au mouvement du poignet et à la longueur de la sonde, qu'elle est percée; il ouvre la boîte à étoupilles, en prend une, et la ferme promptement, puis il décoiffe l'étoupille et l'introduit dans la lumière; il prend la corne d'amorce de la main droite, ouvre le bassinet de la main gauche, le remplit de poudre, le ferme promptement, et passe la corne d'amorce derrière lui. — *Action*.

### 3e. COMMANDEMENT.

*Pointez*[4]. (Deux temps).

1er. *Temps.* Le chef de pièce se place à droite du levier de pointage, le pied gauche en avant et à plat, le genou plié, la jambe droite allongée, la main gauche sur la plate-bande de culasse, et la main droite à la poignée de la vis de pointage; il fait mouvoir la vis de pointage, de manière à élever ou baisser la culasse, jusqu'à ce que la caronade soit à bonne hauteur. — *Action.*

2e. *Temps.* Le chef de pièce arme la platine, en prend le cordon de la main droite, et se porte vivement en arrière au-delà du bout de levier de pointage; en même temps les servans de droite et de gauche s'en approchent pour diriger la caronade d'après le signal du chef, qui s'incline et pointe en mettant dans le même alignement son œil, le point de mire de la culasse et celui de la volée. Lorsque le pointage est fini, il fait le commandement, *à postes*, auquel les servans reprennent leur première position. — *Action.*

### 4e. COMMANDEMENT.

*Au boute-feu.* (Un temps).

Le servant de gauche saisit le pied du boute-feu de la main droite; il en prend la tête de la main gauche; il se place vis-à-vis le bouton de culasse, faisant face au sabord ; il se baisse, pour souffler la mèche, bien au-dessous de la hauteur de la lumière, la porte ensuite à quatre doigts de la plate-bande de culasse pour mettre le feu au commandement du chef. — *Action.*

5e. COMMANDEMENT.

*Feu* [5]. (Un temps).

Si le pointage est bon, le chef de pièce cherche le moment favorable pour tirer; et, aussitôt qu'il l'a trouvé, il l'indique par un signal, puis il fait feu en donnant un coup de poignet, sec, au cordon de la platine. Si le coup ne part pas, et que le chef juge que sa direction soit bonne, il fait le commandement *feu*, dès que la position du bâtiment le permet; alors le servant de gauche l'exécute en portant la mèche à l'aigrette de l'étoupille, de manière que le boute-feu ne soit pas au-dessus de la lumière, puis il le retire vivement. Dès que le coup est parti, le servant chargé du boute-feu le reporte à sa place, et chacun reprend son poste. — *Action.*

6e. COMMANDEMENT.

*Bouchez la lumière ; écouvillonnez* [6]. ( Deux temps ).

1er. *Temps.* Le chef prend le dégorgeoir de la main droite et l'enfonce dans la lumière pour voir si elle est dégagée; il la bouche ensuite avec le pouce de la main gauche, qu'il y tient jusqu'à ce que la pièce soit chargée; ne l'ôtant que pendant le moment où il se sert du dégorgeoir.

Le servant de droite se porte vivement à la volée de la caronade, passe le corps et la jambe droite en dehors du seuillet du sabord, et pose le pied droit sur un taquet disposé à cet effet; son pied gauche est appuyé en dedans. — *Action.*

2ᵉ. *Temps*. Le servant de gauche prend l'écouvillon, le donne au servant de droite, qui tourne plusieurs fois l'écouvillon au fond de la pièce dans le même sens, qui est celui nécessaire pour faire prendre le tirebourre, et le retire en le tournant du même côté; il le passe sur la volée de la caronade, et le secoue trois ou quatre fois pour faire tomber les culots de gargousses et la crasse.

Le chef de pièce passe le dégorgeoir dans la lumière pour s'assurer qu'elle est parée; si elle ne l'est pas, il fait écouvillonner de nouveau, jusqu'à ce qu'elle soit dégagée; il rebouche la lumière. Le servant de gauche, en même temps, nettoie la platine et met son chien au repos; puis, il se porte à son poste. — *Action.*

### 7ᵉ. COMMANDEMENT.

*La gargousse dans la caronade; au refouloir, à la poudre* [7]. (Un temps).

Le servant de droite remet l'écouvillon à celui de gauche, qui le pose contre le bord et se tourne ensuite vivement du côté du pourvoyeur pour en recevoir la gargousse; il la donne au servant de droite, qui la place dans la pièce, le culot le premier, la couture en dessous; le servant de gauche remet l'écouvillon en place, prend le refouloir, le passe à celui de droite, qui s'en sert pour enfoncer la charge jusqu'au fond de la caronade; il allonge le bras droit de toute sa longueur, a la main gauche sur la volée, le corps un peu incliné en avant, prêt à refouler. Dès que le pourvoyeur a remis la gargousse, il va en chercher une autre, ayant le gargoussier sous le bras gauche, et la main droite sur le couvercle. — *Action.*

8°. COMMANDEMENT.

*Refoulez* [8]. (Un temps).

Le servant de droite refoule trois coups et abandonne la hampe du refouloir, en effaçant le corps.

Le chef de pièce passe le dégorgeoir dans la lumière pour s'assurer que la gargousse est rendue; si elle ne l'est pas, il fait refouler de nouveau; si elle l'est, il fait un signal de la main auquel le servant retire le refouloir et le passe au servant de gauche qui le pose et prend vivement un boulet. — *Action.*

9°. COMMANDEMENT.

*Le boulet et le valet dans la caronade* [9]. (Un temps).

Le servant de gauche pose le boulet sur la caronade, et le conduit avec les mains jusqu'à ce que le servant de droite puisse le prendre; alors celui-ci l'introduit dans la caronade et place sa main droite devant la bouche de la pièce pour empêcher le boulet de tomber.

Le servant de gauche prend aussi un valet et le refouloir. Il remet d'abord le valet à celui de droite, qui le prend de la main gauche et le place sur le boulet; puis il lui donne le refouloir, qu'il prend de la main droite, avec lequel il enfonce la charge. Il s'assure qu'elle est rendue par la longueur de la hampe, en rend compte au chef, et allonge le bras droit de toute sa longueur, la main gauche sur la volée et le corps incliné en avant. — *Action.*

### 10e. COMMANDEMENT.

*Refoulez.* (Un temps).

Le servant de droite refoule deux coups; il retire le refouloir et le passe au servant de gauche, qui le remet à sa place. — *Action.*

*Nota.* Si l'on continue la manœuvre des pièces, on reprendra au second commandement.

Si l'on ne continue point, on termine par le commandement qui suit :

### 11e. COMMANDEMENT.

*Tapez vos caronades, amarrez le couvre-lumière.* (Un temps).

Le servant de droite remet la tape à la caronade.

Le chef de pièce va prendre le couvre-lumière, le place et l'amarre; puis il ôte le levier de pointage, qu'il fait remettre, ainsi que les autres attirails, où ils étaient avant la manœuvre; le pourvoyeur reporte à la sainte-barbe les cornes d'amorce, les boîtes à étoupilles et les gargoussiers; les servans de gauche reportent aussi les tabliers et les platines qui ne sont pas susceptibles de rester aux pièces.

Au roulement, chacun reprend son poste comme au commencement de l'exercice, et ne le quitte que lorsqu'on bat la breloque.

## NOTES GÉNÉRALES.

[1] *Roulement.* — A défaut de tambour, on y suppléerait par le commandement *roulement*, et l'on terminerait le mouvement par celui-ci, *fin de roulement.*

[2] *Détapez, démarrez vos canons.* — Si le roulis n'est pas assez fort pour déranger l'affût lorsqu'il est au sabord, il est inutile de le maintenir par les palans de côté, et l'on supprimera tout ce qui se rapporte à cette précaution dans les divers commandemens.

Si au contraire le roulis est assez fort pour qu'il y ait du danger à décapeler les garans du bouton de culasse, ainsi qu'il est prescrit dans le troisième commandement *pointez*, le chef les maintiendra ainsi jusqu'au commandement *feu;* mais, avant d'armer la platine, il aura l'attention de faire mettre en dessous celui du côté où il prévoira qu'on devra jeter la culasse.

Si la pièce n'était pas chargée, on ne la ferait pas saisir au bouton de culasse par les palans de côté; on la mettrait de suite hors de batterie par les moyens indiqués au premier temps du cinquième commandement *feu*, et l'on continuerait la manœuvre par ce qui suit.

[3] *Dégorgez, amorcez.* — Si l'on manque d'étoupilles, le chef amorce de la main droite en introduisant de la poudre dans la lumière, avec l'épinglette qu'il tient de la main gauche, ayant soin de ne pas laisser engorger la lumière ; ensuite il remplit le bassinet, et fait une traînée de poudre qu'il prolonge autant qu'il peut du côté où l'on doit mettre le feu. Il s'assure que la corne d'amorce est bien fermée, et il la prend à deux mains pour écraser la partie de la poudre qui doit être touchée par le boute-feu, puis il ôte avec soin le pulvérin qui peut être resté à la corne; il la replace derrière lui et met le couvre-lumière.

[4] *Pointez.* — Aucune partie de l'exercice ne demande une attention plus particulière que le pointage ; il n'en est aucune sur laquelle les capitaines, officiers et maîtres doivent donner une instruction plus détaillée aux canonniers : ils ne doivent jamais manquer de le vérifier lors des exercices de détail, et toutes les fois que les circonstances le permettent lors des combats.

Comme les canonniers doivent pointer plus haut ou plus bas que l'objet, selon les distances où ils s'en trouvent, il faut qu'ils s'accoutument à les estimer.

Lorsqu'on tire à la distance de but en blanc, il faut pointer directement sur l'objet.

Cette distance est approximativement pour un canon et une caronade de 36, d'environ. . . . . 650 mètres ou 3 $\frac{1}{2}$ encâblures
Pour canons de 24, 18 et 12. . . 600 3
Pour canons de 8, 6, 4, et caronade de 24. . . . . . . . . . . . . . 500 2 $\frac{1}{2}$

Au-delà de ces distances, on doit pointer en dessus de l'objet, et d'autant plus qu'on est plus éloigné ; et, en-deçà, l'on doit pointer en dessous ; mais, comme les boulets pointés trop bas seraient perdus, tandis que ceux pointés trop haut peuvent toujours rencontrer quelques parties élevées du vaisseau, il vaut mieux pointer plus haut que bas.

Lorsqu'il y a double charge de projectiles, il faut pointer plus haut, parce qu'il en résulte moins de portée, et l'on ne doit pas en faire usage au-delà de huit cents mètres ou quatre encâblures pour deux boulets ronds, quatre cents mètres ou deux encâblures pour un boulet rond et un ramé, ou une mitraille.

Pour peu qu'il y ait de roulis (ce qui existe presque toujours sous voiles), le chef doit pointer son canon horizontalement au moment où le vaisseau est droit.

Dans cette position, la ligne de mire passera tantôt au-dessus, tantôt au-dessous de l'objet; c'est à l'intelligence du chef de pièce à saisir l'instant où il doit faire feu, pour que son coup arrive au moment où l'objet se trouve dans la direction de la ligne de mire.

On ne doit jamais tirer lorsque le bâtiment baisse sur le côté où l'on se trouve, mais toujours lorsqu'il se relève, parce que les coups pointés trop haut peuvent rencontrer quelques parties élevées du vaisseau.

Si l'on doit dépasser promptement l'objet sur lequel on veut tirer, ou qu'on doive être dépassé de même par lui, le chef ne doit pas faire jeter sa pièce en avant ou en arrière pour chercher l'objet, il doit pointer à peu près en belle, veiller dans cette position l'instant où l'objet se présente, et faire feu de manière que son coup arrive au moment où cet objet se trouve dans la direction de sa pièce.

Le chef doit avoir la même attention sur les mouvemens d'aulofée ou d'arrivée, dont il doit savoir profiter pour diriger son feu de la manière la plus avantageuse, en saisissant le moment où il est à même de tirer le plus en belle possible.

Un tir trop oblique est très-incertain, fatigue beaucoup le bord, et occasione plus de résistance aux boulets qui frappent le corps des vaisseaux.

Si l'on a besoin de pointer avec les caronades plus haut que ne le permet la vis de pointage, il faut l'ôter.

[5] *Feu.*—Si le coup n'est pas parti, et que l'amorce ait brûlé, il faut laisser éteindre son feu et celui de l'étoupille avant de s'approcher du canon. Lorsque la lumière ne fume plus, le chef de pièce et le servant chargé du vieux linge se portent à la culasse; le premier, pour dégorger, amorcer et armer la platine, et l'autre, pour la nettoyer.

Le chef de la pièce examine sa direction et la rectifie, s'il est nécessaire; puis il agit comme il est prescrit par le premier temps du commandement *feu.*

Lorsqu'à défaut de platines l'on est obligé de se servir du boute-feu, on continue l'emploi des étoupilles tant qu'il s'en trouve.

Lorque, par la position du vaisseau lors du tir, on craint que la violence du recul du canon n'aille jusqu'à briser la poulie du palan de retraite, il vaut mieux décrocher ce palan et le parer de manière qu'on puisse le raccrocher aussitôt que le coup est parti.

[6] *Bouchez la lumière; écouvillonnez.* — Si le chef de pièce ne peut parvenir à parer la lumière, il en préviendra l'officier ou le maître le plus à portée, qui la feront dégager par les canonniers porteurs de vrilles et vilebrequins.

[7] *La gargousse dans le canon; à la poudre.* — Lorsqu'on charge une pièce qui, ne devant pas tirer de suite, est susceptible d'être déchargée, l'on met toujours un valet sur la poudre, et l'on a soin de l'attacher par un fil de caret avec le col de la gargousse, afin de pouvoir retirer celle-ci en même temps qu'on retire le valet.

[8] *Refoulez.* — Lorsque la mer est assez grosse pour obliger de fermer les sabords de la première batterie, aussitôt que le coup de canon est tiré, on doit mettre la volée à hauteur du hublot, afin de pouvoir y passer les hampes d'écouvillon et refouloir, et charger par ce moyen.

Si l'on est abordé par un vaisseau de manière que le mouvement de ces hampes de bois ne puisse avoir lieu, il faudra y substituer des écouvillons et refouloirs à hampes de corde, lesquels sont réunis pour tous les calibres.

9 *Le boulet et le valet dans le canon.* — On ne mettra qu'un projectile dans le canon, à moins que le commandant ne prescrive d'en mettre deux; alors la charge pourra être de deux boulets ronds, ou d'un boulet ramé et d'un rond, ou d'une mitraille et d'un boulet rond; mais, pour ces deux dernières espèces de charge, le boulet rond sera toujours en avant, parce qu'ayant bien plus de vitesse que le boulet ramé ou la mitraille, s'il était derrière eux, il les choquerait fortement; ce qui pourrait produire leur fracture ou beaucoup de déviation dans leur direction.

On ne doit jamais tirer dans les caronades qu'un projectile à la fois.

## SERVICE DES DEUX BORDS, ET CHANGEMENS DE BORDS.

### *Avertissement.*

On suppose que les cornes d'amorce et les boîtes à étoupilles sont placées aux boutons de culasses des pièces du bord où l'on n'exerce pas, et que les autres parties de gréement et armement y sont aux emplacemens désignés pour le combat.

On suppose aussi que le service de tribord se fera toujours par les équipages des pièces impaires, à compter de l'avant et celui de bâbord par les équipages des pièces paires; que l'équipage de chaque pièce ainsi disposé en fera le service, et de celle immédiatement à sa droite.

Lors du commandement qui annonce le service des deux bords, les officiers et maîtres rappelleront toujours aux chefs de pièces de leurs divisions, s'ils doivent rester au bord où ils se trouvent, ou s'ils doivent passer au bord opposé.

COMMANDEMENT.

*Armez les deux bords.*

Les servans fixent le chef de pièce et attendent son signal, soit pour continuer la manœuvre, soit pour être détachés à la pièce voisine, soit pour passer à l'autre bord.

Si l'on se bat à tribord, les chefs des pièces impaires, à compter de l'avant, sont à leurs postes, et ceux des pièces paires doivent, avec leurs équipages, se porter aux pièces correspondantes à bâbord.

Si l'on se bat à bâbord, les chefs des pièces paires sont à leurs postes, et ceux des pièces impaires doivent, avec leurs équipages, se porter aux pièces correspondantes à tribord.

Aussitôt que chaque chef de pièce est assuré du bord où il doit combattre, celui qui doit rester à son poste détache de sa pièce à celle qui est immédiatement à sa droite, son chargeur ou premier servant de droite, ses second et troisième servans de droite, en observant que, si le chargeur avait commencé la charge de sa pièce, il attendrait qu'elle fût terminée avant d'indiquer ce mouvement.

Ces trois hommes détachés restent pendant toute la manœuvre des deux bords à la pièce voisine; le chargeur y est chef de pièce; il y reçoit d'abord la corne d'amorce et la boîte à étoupilles; le second servant de droite est chargeur, et le troisième fournisseur. Les mêmes fonctions sont remplies à la pièce du chef, pendant toute cette manœuvre, par le chef, le premier et le second servans de gauche.

Le chef de pièce qui devra passer à l'autre bord, n'en fera le signal qu'après avoir bien assujéti sa pièce, si elle était au recul; fini sa charge, si elle était commencée, avoir été relevé par le chargeur de la pièce voisine, lui avoir remis la corne d'amorce et la boîte à étoupilles; il lui fera connaître si la pièce est chargée.

Au signal du chef, il se portera à la pièce du bord opposé avec tous les servans, à l'exception du chargeur, des premier et second servans de droite, qui, à ce même signal, passeront de suite à la pièce voisine de celle du chef, à droite.

Les dispositions pour le service de ces deux pièces seront les mêmes que pour celles dont les équipages n'ont point changé de bord; et leurs chefs prendront de suite les cornes d'amorce et boîtes à étoupilles, qui se trouveront amarrées aux boutons de culasse.

Aussitôt que les destinations sont faites aux deux bords, chaque chef fait passer à gauche l'écouvillon et le refouloir, pour les mettre sous la main du fournisseur. Le pourvoyeur, chargé du service de deux pièces, mettra la plus grande célérité en allant chercher la poudre, et aura l'attention de la porter toujours au canon que l'on charge.

La manœuvre et le feu commencent par la pièce du chef : aussitôt qu'elle a fait son recul, on met la pince en avant des roues ; on fait la demi-clef sur le palan de retraite ; et, pendant que cette pièce se charge avec les trois hommes désignés, les autres se portent à la pièce voisine de droite, pour la mettre en batterie, la pointer, la tirer et l'arrêter au recul, et ainsi de suite ; en sorte que pendant qu'une pièce se charge avec les trois hommes qui lui sont constamment attachés, l'autre est mise en batterie, pointée, tirée et arrêtée au recul par le reste de l'équipage, qui sert aux deux pièces.

Si le nombre des pièces d'une batterie est impair ; l'équipage des deux dernières pièces de l'arrière les manœuvrera ensemble, comme il a été dit pour deux pièces voisines.

Pour les équipages des canons de 8 et au-dessous, ainsi que des caronades, lesquels ne sont pas assez nombreux pour se diviser, on suivra les mêmes principes pour leur destination de chaque bord ; alors on ne pourra servir que la moitié des pièces ; mais, s'il devenait utile de rapprocher le feu de l'avant ou de l'arrière, il faudrait ordonner à chaque équipage de se serrer du côté où l'on voudrait le faire, de manière à ne laisser aucun intervalle.

Les deux bords étant armés, si l'on veut faire

passer tous les équipages des pièces à un seul bord, on commande, si c'est pour tribord;

*Canonniers, tous à tribord.*

Le chef de pièce et les chargeurs qui en font les fonctions à tribord, continuent leur service.

A bâbord, ils font charger toutes les pièces; ils mettent les couvre-lumières; ils assujétissent celles de la première batterie à la longueur du recul, par le moyen de la pince mise en travers en avant des roues de l'affût, et d'une clef faite au palan de retraite, afin de pouvoir fermer les sabords en cas de besoin, et ils mettent celles des autres batteries au sabord, en les amarrant au moyen des palans de côté; ils déposent les boîtes à étoupilles et cornes d'amorce contre les boutons de culasse; le chargeur et les servans viennent joindre le chef de pièce, et, au signal de ce dernier, tous se portent ensemble à la pièce correspondante à tribord. Si ce chef n'y trouve que trois hommes, il attend que la charge soit finie; alors le chargeur de la pièce voisine, qui remplit les fonctions de chef, lui remet la corne d'amorce et la boîte à étoupilles, puis retourne à sa pièce; chacun reprend son poste, et les chefs de pièce font repasser les écouvillons et refouloirs de gauche à droite.

Si le chef qui était à bâbord arrive après que la charge est finie, il se met de suite en possession de la pièce.

*Avertissement.*

Ce qui précède indique ce qu'on doit faire pour deux changemens de bord ; mais il en est un troisième, indépendant du combat des deux bords : c'est lorsque, se battant sur un seul bord, on veut faire passer tous les canonniers sur celui qui est opposé ; alors on commande :

*Armez l'autre bord.*

Toutes les pièces de la première batterie, chargée ou non, sont assujetties à la longueur du recul, afin de pouvoir fermer vivement les sabords, si les circonstances l'exigeaient. Pour celles qui sont chargées, chaque chef passe de suite, avec tout son équipage, à la pièce du bord opposé ; et pour les autres, il laisse son chargeur, les second et troisième servans de droite pour la charger de la manière indiquée à l'école des deux bords. Aussitôt qu'ils auront fini, ils prendront leur poste à la pièce opposée.

On se conduira de la même manière aux autres batteries, excepté que les pièces qui seront aux sabords y seront amarrées au moyen des palans de côté.

Chaque chef a soin de mettre le couvre-lumière à sa pièce aussitôt qu'elle est chargée. En la quittant, il dépose contre le bouton de culasse la corne d'amorce et la boîte à étoupilles; il retrouve ces objets à la pièce du bord opposé qu'il va servir.

### *Diverses parties des bouches à feu et de leurs affûts.*

Il est nécessaire de connaître, pour les manœuvres, diverses parties de canons, caronades, et de leurs affûts, suivant leur dénomination et leur usage.

La longueur du canon et de la caronade se divise en trois parties principales :

1°. La volée, qui commence à l'extrémité où est l'ouverture de la pièce, et finit un peu en avant des tourillons ;

2°. Le renfort, qui commence à la fin de la volée, et finit à la plus forte grosseur de la pièce, vers son extrémité ;

3°. Le cul-de-lampe et son bouton, appliqués contre le renfort.

*Noms d'autres parties essentielles.*

| | |
|---|---|
| L'âme. . . . . . . . . . | Reçoit la charge. |
| La bouche. . . . . . . | Entrée de l'âme. |
| Le bourrelet. . . . . . | Renflement considérable de métal près de la bouche ; il sert pour le pointage. |
| Les tourillons pour canons. . . . . . . . .<br>Le support pour caronade. . . . . . . . . | En arrière de la naissance du renfort ; maintiennent la pièce sur son affût. |
| Lumière. . . . . . . | Percée près du fond de l'âme, sert à amorcer. |
| La culasse. . . . . . . | Est la partie pleine de la pièce, elle commence après le fond de l'âme. |

| | |
|---|---|
| Support de batterie. . . | Renfort vers l'extrémité de la culasse pour placer la batterie. |

*Pour les caronades seulement.*

| | |
|---|---|
| Un trou de brague. . . | Placé sur le bouton, sert à passer la brague. |
| Un trou de vis. . . . . | Sert à placer la vis de pointage. |

*L'affût à canon se compose de parties en bois.*

| | |
|---|---|
| Deux flasques. . . . . . | Pièces principales sur lesquelles sont faits les encastremens des tourillons pour porter la pièce. |
| Entretoises. . . . . . . | Fortes pièces de bois pour maintenir les deux flasques. |
| Essieux et roues. . . . . | Supportent les flasques. |

*Nota.* Les coussins et coins de mire sont portés aux armemens.

| | |
|---|---|
| Sole. . . . , . . . . . | Pièce de bois placée d'un essieu à l'autre pour recevoir les coussins et coins de mire lors du pointage. |

*Noms de quelques pièces en fer.*

| | |
|---|---|
| Les susbandes. . . . . | Maintiennent la pièce par les tourillons, lors du tir. |
| Deux chevilles à mentonnet. . . . . . . . | Retiennent le devant des susbandes et fixent l'essieu de devant aux flasques. |
| Deux chevilles à tête plate. . . . . . . . | Maintiennent le derrière des susbandes par le moyen de clavettes. |
| Deux chevilles à tête ronde. . . . . . . . | Près du premier ardent; servent à contenir le bois des flasques. |
| Deux chevilles à tête carrée. . . . . . . . | Sur le second ardent; servent à fixer l'essieu de derrière aux flasques. |
| Deux pitons de côté. . . | Placés contre les flasques; ne servent que pour amarrer la pièce à garans doubles. |

| | |
|---|---|
| Deux pitons de manœuvre. . . . . . . . . . | Placés sur le dernier ardent ; servent à la manœuvre de la pièce et à la mettre à la serre. |
| Quatre esses. . . . . . . | Servent à retenir les roues dans les essieux. |

*L'affût de caronades en fer se compose de parties en bois ci-après.*

| | |
|---|---|
| La semelle. . . . . . . | Reçoit la caronade. |
| Le châssis. . . . . . . | Porte la semelle qui se meut dans sa coulisse. |
| Les supports de châssis. | Sont placés vers chaque extrémité pour faciliter les mouvemens du châssis, en diminuant son poids et son frottement. |

*Parties en fer. — Principales ferrures de la semelle.*

| | |
|---|---|
| Un boulon-tourillon. . . | Passé dans le support de la caronade pour en former les tourillons. |
| Deux crapaudines. . . | Placées vers l'avant, reçoivent le boulon-tourillon pour maintenir la caronade. |
| Un pivot. . . . . . . . | Placé vers le derrière des crapaudines, au centre et en dessous de la semelle, sert à lui donner les mouvemens obliques. |
| Deux boucles de brague. | Placées vers les deux tiers de la longueur ; elles servent à passer la brague, afin de diminuer l'effort qui fait basculer la caronade lors du tir. Elles peuvent aussi servir à palanquer la semelle. |
| Quatre boulons d'assemblage. . . . . . . . . | Deux sont placés vers le devant, et les deux autres fixent les anneaux de la brague ; tous quatre maintiennent le bois de la semelle. |

| | |
|---|---|
| Une plaque de levier et de vis de pointage. . | Placée contre le derrière, le dessus et le dessous de l'affût, sert à empêcher les dégradations, sur la semelle, des leviers et vis de pointage. |

*Nota.* La vis et le levier de pointage sont portés aux armemens.

*Ferrures principales du châssis.*

| | |
|---|---|
| Une cheville ouvrière. . | Placée vers la tête du châssis, sert à le mouvoir obliquement en le maintenant contre le bord. |
| Un piton de la cheville ouvrière. . . . . . . | Sa tête reçoit la cheville ouvrière, et sa tige traverse le bord; il maintient le châssis au moyen de la cheville ouvrière. |
| Un briquet. . . . . . . | Plaque de fer de cette forme. Son bord affleure l'intérieur de la coulisse : il reçoit les chocs du pivot et de sa rondelle; il contribue à empêcher l'écartement des deux côtés du châssis. |
| Quatre boulons d'assemblage. . . . . . . . | Deux vers le devant du châssis et des autres vers son derrière : ces derniers ont des têtes comme celles des pitons, pour manœuvrer le châssis avec des palans, et le fixer sur le pont. Tous les quatre maintiennent son bois. |
| Plaque de levier de pointage. . . . . . . . . | Comme celle de la semelle. On peut pointer par le châssis, lors de grandes obliquités, pour diminuer d'autant celle de la semelle, et par conséquent l'effort qui en résulte, lors du tir, sur son châssis. |

### *Amarrages pour maintenir les bouches à feu solidement à bord.*

L'AMARRAGE indiqué dans l'exercice se nomme *à garans simples;* il est usité dans les rades et à la mer, dans les beaux temps; mais, dans les mauvais temps, les canons des batteries basses sont à la serre, et les autres à garans doublés. Il arrive aussi quelquefois qu'on doit allonger les canons contre le bord. Suivent les diverses espèces d'amarrages.

### *Canons à la serre.*

LA culasse repose sur la sole de l'affût; le tiers de la bouche environ est appuyé contre la serre au-dessus du sabord; les poulies doubles des palans de côté s'accrochent aux boucles des bragues contre le bord, la poulie simple aux pitons sur l'adent des flasques.

On passe le garant sur le collet du bouton, et de là au croc près du sabord du dedans au dehors; on fait ainsi deux ou trois tours, puis l'on fait une bridure de trois tours au ras de la plate-bande de culasse, et un tour à la hauteur du troisième adent de l'affût, pour venir ensuite faire une bridure sur le derrière de la poulie simple, où l'on emploie le reste du garant. Cette opération se fait des deux côtés du canon.

Les deux côtés de la brague pèsent par-dessous les fusées de l'essieu de devant; l'aiguillette les embrasse par trois tours; elle repasse ensuite par-dessus les palans, qu'elle serre avec la brague par trois autres tours qu'elle réunit en passant ses bouts entre les palans et bragues; puis elle embrasse et serre fortement tous les tours par le milieu, au moyen d'une bridure, et on l'arrête.

La volée est contenue par le raban de volée, qui fait plusieurs tours dessous et dans la bouche de raban placée au-dessus du sabord. La poulie double du palan de retraite est accrochée à la boucle de raban de sabord, et la simple à une estrope qu'on met autour du collet du bouton de culasse. On roidit bien le palan; on passe ensuite plusieurs tours du bouton à la boucle de raban, et l'on fait avec le reste deux bridures, dont une sur la plate-bande de culasse, et l'autre sur la volée.

Lorsque les roulis sont considérables, on joint à ces précautions celle de clouer sur le pont, derrière les roues de l'affût, un *cabrion*, qui est un morceau de bois taillé en coin, et maintenu solidement par des clous.

### *Canons à garans doublés.*

La poulie double des palans de côté s'accroche à la boucle de la brague; et la simple, au piton, contre le côté de l'affût. On fait, avec un garant, deux tours du bouton de culasse, au croc, et trois tours de bridure sur la culasse, d'abord du côté où est le garant, puis de l'autre côté du canon; on passe ensuite son bout dans une boucle placée sur le pont, et il vient faire croupière en passant par-dessus la culasse, en dedans de la partie du garant qui s'y trouve; il est arrêté par une bridure sur la croupière.

L'autre palan s'amarre à l'ordinaire, en faisant passer le garant par-dessus celui qui est doublé, afin de l'avoir toujours à sa disposition, si les circonstances exigeaient un amarrage plus solide.

Les bragues sont repliées le long des flasques, et le palan de retraite est placé sur le canon.

### *Canon allongé contre le bord.*

On place le canon contre le bord; on accroche les poulies simples des palans à des estropes qui embrassent les fusées extérieures des essieux de derrière, et les poulies doubles aux boucles de la brague, de manière que les palans se croisent; on passe plusieurs tours de garans dans les crocs et sous les fusées des essieux, et l'on finit l'amàrrage par une bridure au ras de la fusée.

### *Autres moyens moins usités d'amarrer les canons.*

On passe un grelin tout autour de la batterie; on le roidit bien aux deux extrémités du vaisseau, en le faisant porter sur tous les boutons de culasse des canons; entre chaque pièce il y a des boucles placées contre le bord, dans chacune desquelles on passe une éguillette que l'on fixe sur le grelin, et on les roidit toutes à la fois.

Il est un autre moyen de mettre à la serre lorsqu'on craint de fatiguer le bord : l'on place sur le pont, vers le derrière de l'affût, des boucles de fer goupillées solidement par-dessus; leur position est telle, que la bouche du canon se trouve à quatre ou cinq pouces du bord; l'on prépare un cordage proportionné au calibre de la pièce, dont les deux bouts sont repliés et épissés, afin de pouvoir former, par des amarrages, un œillet susceptible de recevoir la fusée de l'essieu. Ce cordage se nomme *fausse brague;* il doit être assez long pour que ses œillets, embrassant les fusées de l'essieu de devant, il soit éguilletté sur la boucle de derrière, en passant par-dessus les derniers adents de l'affût. L'amarrage se fait d'ailleurs comme dans l'autre manière de mettre à la serre : la fausse brague peut s'allonger, mais la bouche du canon se trouvera toujours au moins à trois pouces du bord. Si l'on fait usage des cabrions, on les mettra en avant des roues de devant.

*Nota.* Si un canon de gros calibre se démarre subitement et obéit au roulis, il ne faut pas couper les roues : l'on jette sur son passage quelques sacs à valets; quatre hommes adroits saisissent promptement un levier et engagent le sifflet sous les roues de devant et derrière; ce qui donne le temps de saisir le canon avec des cordages pour le ramener à bord.

### *Amarrages des caronades.*

On maintient les caronades en roidissant leurs bragues et en maintenant leurs affûts par des éguillettes passées dans les pitons de derrière du châssis, et les boucles qui sont fixées à leur côté sur le pont.

*Changement d'affût d'un canon à bord.*

Il y a plusieurs moyens d'exécuter cette manœuvre : ils vont être indiqués, afin qu'on puisse employer le plus avantageux, relativement aux attirails dont on est pourvu, et à la position du canon.

1er. *Moyen.* Par la machine dite à monter et démonter les canons qui est formée de :

Deux civières à canon, garnies chacune de deux poulies simples, proportionnées à la grosseur des itaques et dont les caisses aient le moins de longueur possible;

Deux estropes garnies de même;

Quatre itaques proportionnées aux calibres des canons, ayant un bout garni d'une cosse, et l'autre en queue de rat.

On se sert de deux boucles placées au barrot, l'une à environ trois pieds ou un mètre, et l'autre à neuf pieds ou trois mètres.

Pour l'exécution, on dispose le canon de manière que sa culasse et sa volée soient sous les deux boucles du barrot; on passe une estrope dans chacune; elle tient d'un côté à une poulie simple qui y est absolument fixée, et, dès que l'autre bout est passé dans la boucle, on y amarre solidement une autre poulie, mais de manière qu'on puisse la démarrer facilement lorsque la manœuvre est finie.

On saisit le canon à la volée et à la culasse avec deux civières qui doivent faire un tour mort autour du canon ; elles sont aussi garnies chacune de deux poulies simples qui doivent se présenter de chaque côté de la pièce et à égale hauteur. On passe chaque itaque dans une poulie de l'estrope de la boucle, puis dans celle correspondante de la civière, et l'on ramène son bout pour le fixer par un dormant à la boucle.

Les quatre poulies doubles des quatre palans sont accrochées aux quatre cosses des itaques ; quant à leurs poulies simples, celles des palans de derrière le sont aux boucles des palans de retraite des canons voisins, et celles de devant aux boucles fixées à la serre-gouttière, et, à leur défaut, dans celles placées pour fausses bragues, immédiatement sur le derrière des affûts voisins ou autres qui se trouveraient dans la direction et à la distance convenables. Les palans de devant sont dirigés à droite et à gauche de la pièce, perpendiculairement à son axe, et ceux de derrière le sont en éventail en arrière du canon.

On ôte les susbandes, et au commandement *ferme*, les hommes agissent ensemble pour élever la pièce jusqu'à ce qu'on puisse ôter l'affût. Ce moyen exige deux équipages de canons ; mais il est le plus sûr pour les gros calibres, et convient toujours le mieux dans les gros temps.

2^e^. *Moyen.* Si l'on veut changer l'affût d'un canon sans le secours d'aucune machine, on saisit solidement la pièce à la boucle de serre par le raban de volée : on passe ensuite le milieu d'un bon cordage sous le collet du bouton, et ses bouts dans la boucle de dessus ; on ôte les susbandes; on place sous le bouton deux forts leviers sur lesquels on fait effort pour élever le canon jusqu'à ce qu'on puisse retirer l'affût de dessous. A mesure qu'il s'élève, on ábraque le cordage passé sous le collet du bouton; et dès qu'il est assez élevé, on fait une quantité de tours suffisante pour en supporter le poids pendant qu'on change d'affût.

3ᵉ. *Moyen.* Lorsque l'affût qu'on veut changer se trouve sous les passe-avants ou les gaillards, on transporte la pièce sous les caliornes ou candelètes du vaisseau, au moyen desquelles il est facile d'enlever et replacer le canon.

4ᵉ. *Moyen.* Si l'affût est brisé et le canon tellement placé qu'on ne puisse employer aucun des moyens précédens, après l'avoir élevé sur deux chantiers, on le dispose la lumière en dessous; on pose l'affût sans roues sur le canon, de manière que toutes leurs parties se correspondent; on met les susbandes et les clavettes en place; on passe deux trévires, un sous le cintre de l'affût, et l'autre en avant de l'essieu de devant; ils embrassent le canon et son affût par plusieurs tours; on passe ensuite un levier dans l'âme de la pièce, au moyen duquel et des trévires on commence à renverser le canon. Dès que les fusées des deux essieux touchent le pont, on y cloue un cabrion pour les empêcher de glisser; on place des cordages de retenue du côté opposé à celui des trévires pour modérer l'effort du choc sur le pont, lorsqu'il tombe sur sa base; l'on embarre des pinces et des leviers à mesure que l'élévation de l'affût le permet; puis faisant effort à la fois sur ces leviers, la bouche et les trévires garnissant le dessous de l'affût à mesure que le canon s'élève, et maintenant fortement les cordages de retenue au moment où l'affût va tomber sur sa base, on achève de remettre le canon dans sa position ordinaire; après, on place les roues de l'affût, et on le conduit au sabord.

*Nota.* Dans le cas où, faute d'affût de rechange, on est obligé de descendre le canon sur le pont; alors, s'il fait mauvais temps, on le place sur deux chantiers, et l'on a soin de le bien saisir au moyen de quatre mains de fer ou galoches placées de chaque côté de la culasse et de la volée, et clouées solidement sur le pont, lesquelles serviront à passer de bonnes éguillettes, dont les tours seront assez multipliés autour du canon pour être certain qu'il ne peut démarrer.

# RÈGLEMENS.

*Mode d'exercice pour les officiers et les équipages.*

Art. 1er. Tous les officiers de vaisseaux et aspirans devront savoir commander l'exercice du canon eux-mêmes, et en expliquer les détails.

2. Chaque officier sera chargé de l'instruction particulière d'un certain nombre de pièces, proportionné à celui des officiers embarqués sur chaque bâtiment.

3. Un ou plusieurs aspirans seront affectés à chaque officier, pour commander sous ses ordres l'exercice des pièces dont il a l'instruction.

Cet officier et ces aspirans commanderont eux-mêmes, chacun un tour au moins dans chaque exercice.

4. Pour assurer les élémens de l'instruction du canonnage, chaque commandant des bâtimens de Sa Majesté, ou, à son défaut, le commandant en second, réunira d'abord tous les chefs de pièces et les chargeurs; il les divisera en autant d'équipages qu'ils peuvent armer de pièces, et les fera exercer, en sa présence, deux fois par jour, jusqu'à ce qu'il se soit assuré que chacun d'eux le connaisse parfaitement. Ils répondront ensuite de l'exécution des manœuvres, lorsqu'ils seront employés comme chefs de pièce avec les autres marins.

5. Les marins destinés pour l'artillerie, et qui ne connaîtront pas son exercice, le feront deux fois par jour. Il sera affecté à chacune des pièces qu'ils serviront un instructeur particulier, qui répondra de l'avancement et de l'exactitude de leur instruction.

Les officiers chargés de ces pièces exempteront les marins de ce service, à mesure qu'ils les jugeront assez instruits pour les exercices généraux.

6. Lors des exercices prescrits par les deux articles précédens, on instruira en même temps les chefs de pièce, chargeurs et canonniers, sur la dénomination et l'usage des diverses parties des bouches à feu et de leurs affûts, ainsi que des attirails, ustensiles et munitions : après, on les exercera, conformément aux cas particuliers prévus par les notes, à l'école des deux bords, puis aux divers amarrages des bouches à feu, et à leurs changemens d'affût à bord.

7. Dans les exercices généraux de toute une batterie, la manœuvre sera commandée, soit par un officier de vaisseau, soit par un officier d'artillerie, au choix du capitaine.

Ce choix devra varier, de manière que le commandement passe successivement à tous les officiers dans les divers exercices du mois.

8. Les premiers exercices généraux seront entièrement détaillés. Lorsque l'instruction sera complète, on détaillera toujours au moins le premier tour; quant aux autres, on exprimera d'abord les com-

mandemens et les numéros des temps; on exercera ensuite, au son du tambour ou du cor, pour chaque commandement, puis à volonté.

Lors des tours d'exercice qui ne seront pas détaillés, les officiers, les maîtres et chefs de pièce, veilleront avec la plus grande attention à ce que tous les mouvemens s'exécutent complétement et dans l'ordre prescrit.

### *École du tir à boulet.*

9. Il sera choisi un lieu convenable pour l'établissement d'une butte en terre, dans les ports qui en seront susceptibles. Cette butte sera disposée de manière que les bâtimens de guerre puissent y tirer au mouillage et à la voile. A son défaut, l'on cherchera des positions qui mettent à même de trouver les boulets tirés.

10. Dans toutes les rades où il y aura des forces navales, et où l'on ne pourra tirer à terre, il sera établi des buts flottans qui serviront à exercer à la voile et au mouillage : ils seront placés, autant qu'il sera possible, de manière que les boulets tirés puissent être trouvés, soit à terre, soit sur des plages découvertes, à marées basses.

11. On ne commencera l'exercice du tir à boulet qu'après s'être assuré de l'instruction des canonniers sur la manœuvre et le pointage, et après avoir exercé leur coup d'œil, au moyen d'amorces brûlées au mouillage ou en panne et à la voile.

12. L'exercice du tir à boulet ne se fera d'abord qu'au mouillage ou en panne. Lorsqu'on y aura acquis quelque adresse, on passera à celui à la voile, et ensuite on s'occupera principalement de ce dernier, autant que les circonstances le permettront.

13. Ces exercices seront dirigés de manière que chaque chef de pièce puisse y ajuster deux coups toutes les fois qu'ils auront lieu ; et ils seront faits avec la plus grande économie, se servant de bouches à feu des plus petits calibres, des boulets les moins propres au combat ; réduisant la charge de poudre au quart de leur poids pour les canons, au douzième pour les caronades en fer ; et enfin, en substituant les gargousses de papier à celles de parchemin ou serge.

Ces munitions ne pourront jamais être prises sur celles de l'armement.

On recherchera avec soin les boulets tirés susceptibles d'être trouvés ; et ceux rapportés à bord des bâtimens seront en déduction de ceux que le port devra fournir pour lesdits exercices.

Sur la demande des commandans de bâtimens, ou à défaut de boulets pour caronades, ils pourront être remplacés par ceux des canons des plus petits calibres employés.

14. Ces exercices seront divisés en deux classes : la première, immédiatement après l'armement, pour former l'instruction ; et la seconde ensuite, pour l'entretenir.

15. Ceux de première classe auront lieu deux fois par semaine pendant deux mois. Si, au bout de ce temps, il n'y en avait pas eu vingt, on continuerait de même jusqu'à ce que ce nombre fût complété.

Ceux de seconde classe auront lieu deux fois par mois.

16. Lorsqu'on ne pourra faire l'exercice à la voile avec les vaisseaux et frégates, on y suppléera par des corvettes ou bricks d'instruction, qui porteront de chaque bord le nombre de canons et caronades ordonné pour l'exercice des vaisseaux de 74 et frégates de 18. Les canons seront des calibres de 8 ou 6, et les caronades de 24.

17. Après chaque exercice, le commandant du bâtiment, son second, et l'officier chargé de l'artillerie se réuniront pour désigner les chefs de pièce qui auront le mieux tiré ; ils en tiendront une note ; et, à la fin du mois, il en sera fait un relevé d'après lequel les commandans des forces navales, ou les préfets, seront autorisés à proposer au ministre d'accorder des gratifications de 20 francs pour les exercices de première classe, et de 10 francs pour ceux de la seconde ; mais il ne pourra en être demandé au delà de :

Quatre pour les vaisseaux à trois ponts,

Trois pour les autres vaisseaux,

Deux pour les frégates,

Un pour les corvettes ou bricks.

*École de théorie.*

18. Il est ordonné à tout commandant des bâtimens de sa majesté, d'établir à son bord une école théorique à laquelle seront appelés tous les chefs de pièce et chargeurs.

19. Les séances de l'école seront dirigées par le commandant du vaisseau; et, lorsqu'il ne pourra s'y trouver, par le commandant en second.

20. Les détails de théorie se porteront principalement sur,

1°. Les dispositions à prendre pour le service des bouches à feu lors du branle-bas de combat;

2°. Les divers exercices et les notes y relatives;

3°. L'équipement, l'armement, les ustensiles et attirails des pièces, leur place pendant et après le combat, et leur usage;

4°. Les dénominations et usages des différentes parties d'une bouche à feu et de son affût.

5°. Les diverses manières de mettre un canon à la serre, ainsi que toute autre espèce d'amarrage des pièces à bord;

6°. Les manœuvres de force du bord.

Ces détails seront expliqués aux canonniers par les officiers que le commandant aura désignés; et, lorsque les canonniers seront instruits, il désignera, selon qu'il le jugera à propos, les plus capables d'entre eux pour expliquer ces détails à l'école.

21. L'école de théorie se réunira tous les jours,

dans le premier mois de l'armement, à la sainte-barbe, s'il pleut; et à bâbord du gaillard d'arrière, s'il fait beau.

Il y aura, à chaque séance de l'école, à bord d'un vaisseau de 74, quarante hommes pour y assister, indépendamment des officiers et aspirans que le commandant aura désignés. A bord des autres bâtimens, il y assistera un nombre d'hommes proportionné d'après les forces des équipages.

La séance devra durer au moins une heure.

22. Si dans le mois, les détails ont été bien compris de tous ceux qui ont dû suivre l'école, les séances pourront n'avoir plus lieu que deux fois par semaine dans le second mois de l'armement, et tous les quinze jours dans le troisième mois et les suivans, si l'instruction est complète.

Mais les commandans des vaisseaux de sa majesté étant personnellement responsables de l'instruction des marins, en ce qui concerne le service de l'artillerie, c'est à eux à multiplier les exercices du canon et les séances de l'école de théorie autant qu'ils le jugeront nécessaire pour cette instruction.

*Le ministre de la marine et des colonies.*

DECRÈS.

# APPENDICE.

## *Détail de l'exercice du canon des deux bords.*

### DISPOSITIONS.

Au commandement de se préparer au combat, les chefs de pièces et les servans, qui n'ont pas de petites armes, se rendent à leurs postes assignés, c'est-à-dire, alternativement à tribord et à bâbord, en commençant par l'avant : les hommes qui doivent avoir des armes pour la mousqueterie et l'abordage, vont les prendre aux lieux où elles sont déposées dans leurs batteries, les placent en faisceaux autant que possible, au milieu du bâtiment, et vis-à-vis chaque sabord ; ils se rangent ensuite à leurs pièces, et concourent avec les chefs à les démarrer, et à préparer tout ce qui est nécessaire pour la manœuvre. Les deux premiers servans de chaque côté sont immédiatement détachés pour aller disposer la pièce opposée ; ils reviennent aussitôt ce travail terminé. Le chef envoie l'homme destiné au secours d'incendie, prendre la baille, le seau de cuir et celui de bois (*qui sont habituellement autour des mâts dans les batteries*), il les place en arrière de la pièce sur la gauche du palan de retraite ;

le chargeur tire de l'eau par le sabord pour emplir la baille : si on doit combattre la nuit, ce même servant va chercher premièrement le fanal, qui a dû être allumé d'abord par le garde-lumière du faux-pont, il le suspend au-dessus de la boucle de retraite, à un crochet ou piton placé à cet effet. Le dernier servant de droite a aussi été détaché pour aller prendre le sac contenant la boîte à étoupille, les pierres à feu de rechange, le vieux linge, le doigtier, les décorations d'abordage et les dégorgeoirs; il remet le tout au chef, qui en fait la répartition; ce même servant va ensuite allumer le boute-feu. Le dernier servant de gauche se rend à l'écoutillon des gargousses de la batterie, pour y demander la corne d'amorce, qu'on envoie de la soute aux poudres (1).

---

(1) Il n'est pas dit d'envoyer prendre le gargoussier ou garde-feu, ni le boute-feu, parce qu'il convient de les tenir toujours, ainsi que les autres ustensiles, auprès des pièces. Les cornes d'amorces, qui doivent être séparées des dégorgeoirs, et suspendues à des clous de cuivre le long des barrots dans la soute aux poudres, deviendront inutiles quand on aura généralement adopté les étoupilles garnies au bout supérieur d'un petit cornet en parchemin, recouvert également d'un fort parchemin, doublé intérieurement de carton, et collé au cône à l'aide d'une bande de papier : ce cornet, de dix lignes environ de longueur, sur six à huit de diamètre à sa base, contient l'aigrette de l'étoupille, et une quantité de poudre suffisante pour emplir le bassinet. Le couvercle débordant le cône de quelques lignes, d'un côté seulement, facilite son enlèvement en déchirant le papier qui le retient. L'idée de ce

Quand toutes ces dispositions sont achevées (ce qui ne doit pas durer plus de quatre à huit minutes), le commandant de la batterie ordonne d'armer le bord où doit se faire la manœuvre, si on ne la fait que d'un côté; les équipages, qui sont de l'autre bord, font *par flanc à droite*, tous marchent en même temps; ceux de gauche vont s'établir à la pièce opposée *par file en bataille*, et ceux de droite marchant *par file à droite*, passent nécessairement derrière les autres, et se rangent à leur nouveau poste *par front à gauche*. Le chef, qui d'abord a fait demi-tour à droite en commandant le mouvement, marche le dernier (1). Ensuite on fait l'exercice prescrit.

Si dans le cours de l'exercice d'un seul bord, on

---

cornet appartient à M. de Montgéry, capitaine de vaisseau. Les boîtes à étoupilles peuvent en contenir au moins quarante chacune, ce qui est plus que le nombre de coups qu'on tire sans interruption avec la même pièce. D'ailleurs, on doit en avoir toujours de préparée pour remplacer quand on en a besoin. Quelquefois on ne laisse pas les platines montées sur les pièces des gaillards; alors, on les réunit aux autres objets dans les sacs, qui doivent être assez grands pour les contenir. L'épinglette n'est utile aux chefs que pour amorcer avec de la poudre; on doit la supprimer quand on fait usage d'étoupilles.

(1) Si on faisait marcher les servans dans le même ordre, ils se trouveraient ensemble au point où se croisent leurs routes, s'aborderaient, et retarderaient inévitablement leur arrivée à l'autre pièce; on peut facilement s'en convaincre par des essais.

ordonne d'armer les deux bords, les équipages, qui doivent passer de l'autre côté, marchent comme on vient de l'indiquer; mais ils n'abandonnent les pièces, dans la batterie basse, qu'après les avoir rentrées à longueur de bragues, afin de pouvoir fermer les sabords au besoin : dans toutes les batteries, les chefs, en quittant leurs pièces, doivent y laisser les deux premiers servans de droite, pour les charger si elles ne le sont pas, ou pour continuer la charge si elle était commencée; alors, ils donnent un de leurs dégorgeoirs (c'est pour cela qu'il en faut deux à chaque chef), à leurs premiers servans qui deviennent *chefs suppléans*. Quand la charge est finie, ces hommes rejoignent leur équipage, et le chargeur remet le dégorgeoir au chef. On continue de servir les pièces, ainsi armées des deux bords, jusqu'au commandement *d'armer toutes les pièces*, qui ne doit se faire qu'immédiatement après la rentrée *hors de batterie* de celles qu'on manœuvre. Les chefs laissent, à ces pièces qu'ils abandonnent, les deux premiers servans de droite et le pourvoyeur; ils donnent à leurs chefs suppléans un dégorgeoir, le doigtier et le sac à pierre et à linge que portaient les derniers servans de droite. Ils se font suivre, à la pièce voisine sur la droite, par tous les autres servans qui partent ensemble du palan de retraite d'où ils ne devaient pas avoir quitté. Les premiers servans de gauche passent à droite pour être chargeurs suppléans. Quand le nombre de pièces d'un côté de la batterie est impair, l'équipage de la dernière manœuvre, successivement celles des deux bords (c'est pour cela qu'on commence à compter par l'avant, où il n'est pas aussi facile d'aller d'un bord à l'autre que de l'arrière).

Les pièces qu'on vient d'armer sont supposées rentrées; si elles étaient en batteries, on attendrait, pour commencer à les manœuvrer, la fin de l'exécution du premier commandement fait aux autres pièces. Les écouvillons et refouloirs devant être à gauche dans l'exercice de toutes les pièces à la fois, on les y passera tout d'abord sans en attendre l'ordre (il conviendrait même qu'ils y fussent toujours).

*Les mouvemens se feront par les commandemens suivans :*

### PREMIER COMMANDEMENT. Deux temps.

*Premier temps.*

*Pièces qu'on charge.* ECOUVILLONNEZ !

Le chef suppléant se tient sur la gauche de la pièce près de l'essieu de l'arrière, il prend le dégorgeoir de la main droite, et l'enfonce dans la lumière pour voir si elle est dégagée, il la bouche bien ensuite avec le pouce gauche garni du doigtier. Le pourvoyeur tient son garde-feu sous le bras gauche, et présente avec la main droite l'écouvillon au chargeur, qui l'enfonce aussitôt au fond de la pièce.

*Pièces chargées.* EN BATTERIE !

Le premier servant de droite décale les roues et pose la pince à sa première place ; le premier servant de gauche et lui soutiennent les braques pour éviter qu'elles s'engagent pendant le mouvement. Le dernier servant de gauche dégage le garant du palan de retraite, et le tient à la main pour filer à mesure, ou pour l'affaler, tandis que la pièce va en batterie. Tous les autres servans se rangent sur les palans de côtés.

ACTION.

*Deuxième temps.*

Le chargeur tourne plusieurs fois l'écouvillon au fond de la pièce, dans le sens nécessaire pour faire prendre son tire-bourre, il le retire en le tournant toujours du même côté ; il le pose sur la volée de la pièce, et la secoue trois ou quatre fois pour faire tomber les culots de gargousses et la crasse. Le chef passe le dégorgeoir dans la lumière pour s'as-

Le chef de pièce fait signe de palanquer ; tous les servans agissent ensemble pour mettre la pièce en batterie droit au milieu du sabord, ou du côté opposé à celui qu'on veut pointer : aussitôt qu'elle y est, le chef l'assujettit en capelant les garans sur le collet du bouton, et les faisant tenir par les deuxièmes servans de chaque côté, pendant que les pre-

surer qu'elle est parée ; si elle ne l'était pas, il ferait écouvillonner de nouveau jusqu'à ce qu'elle le soit, et il rebouche la lumière ; ensuite il nettoie la platine, met le chien en repos, et tient le bassinet ouvert.

miers rouent les parties embraquées de ces mêmes garans ; ensuite ils les prennent des deuxièmes servans, et les tiennent par continuation.

ACTION.

## Deuxième commandement. Un temps.

*Pièces qu'on charge.* Au refouloir !

Le pourvoyeur prend de la main droite la hampe du refouloir, la présente au chargeur qui s'en saisit, en échange de l'écouvillon qu'il donne au pourvoyeur, et que celui-ci pose à sa première place. Le chargeur appuie la tête du refouloir sur le pont, en avant de l'essieu, le tenant de la main gauche, afin d'avoir la droite libre.

*Pièces chargées.* Amorcez !

Le chef prend le dégorgeoir de la main droite, perce la gargousse, s'en assure par la résistance au poignet et à la longueur de la sonde ; il ouvre la boîte à étoupille, en prend une, et la ferme promptement, il décoiffe cette étoupille, l'introduit dans la lumière, prend la corne d'amorce de la main droite, remplit de poudre le bassinet, le ferme soudain, et repasse la corne derrière lui.

ACTION.

## Troisième commandement. Deux temps.

### *Premier temps.*

*Pièces qu'on charge.* La gargousse dans le canon !

Le pourvoyeur découvre le garde-feu, le présente à la volée, dirigée vers le chargeur, qui, avec la main droite, en retire la gargousse, la met, à longueur de bras, dans le ca-

*Pièces chargées.* Pointez !

Le chef de pièce se place à droite du palan de retraite, le pied gauche en avant et à plat, le genou plié et la jambe droite allongée s'il est nécessaire, la main gauche sur la plate-bande du canon, et la droite à la poi-

non, le culot le premier, la couture en dessous. Le pourvoyeur va de suite chercher une nouvelle gargousse qu'il porte à la pièce voisine. Le chef tient la lumière exactement bouchée.

gnée du coin de mire. Les troisièmes servans, aidés des seconds, prennent les pinces et anspects, les placent sur les adents de l'affût, élèvent ou abaissent la culasse au signal que le chef leur fait avec la main gauche.

ACTION.

*Deuxième temps.*

Le chargeur prend le refouloir à deux mains, le présente dans le canon, enfonce la gargousse jusqu'au fond de la pièce, allonge le bras droit de toute sa longueur, la main gauche appuyée sur la volée, le corps un peu incliné en avant, prêt à refouler.

Au signal du chef pour changer, les mêmes servans embarrent sous les flasques pour diriger la pièce à droite ou à gauche. Le chef met en dessous, au collet du bouton, le garant du côté qu'il fait jeter la culasse, les deux premiers servans tirent fortement dessus pour aider le pointage.

ACTION.

## Quatrième commandement. Deux temps.

*Premier temps.*

*Pièces qu'on charge.* Refoulez !

Le chargeur refoule trois coups, abandonne la hampe du refouloir en effaçant le corps, c'est-à-dire, en se retirant sur l'arrière de la tranche. Le chef passe le dégorgeoir dans la lumière, pour s'assurer que la gargousse est rendue; si elle ne l'était pas, il ferait refouler de nouveau jusqu'à ce qu'elle le soit.

*Pièces chargées.* Au boute-feu !

Le pointage étant achevé, le chef décapèle les garans, les fait toujours tenir par les premiers servans, arme la platine, prend le cordon de la main droite, se porte en arrière, au delà du recul, et continue à diriger les points de mire de culasse et de volée sur l'objet. Le dernier servant de gauche va prendre le boute-feu, qu'il souffle sur la baille.

ACTION.

### *Deuxième temps.*

Au signal du chef, le chargeur retire le refouloir, le pose sur le pont en avant de l'essieu, et tient la hampe de la main gauche. Le chef se porte à gauche près de la volée, pour prendre le boulet et le valet, et les mettre dans le canon.

Le dernier servant de gauche tient le boute-feu de la main gauche, il se place vis-à-vis l'essieu de l'arrière, faisant face au chef, porte la mèche à quatre doigts de la plate-bande. Le chef suit toujours le pointage; quand il le trouve bon, il fait un signal de la main gauche, auquel les servans laissent tomber les garans; les pinces et anspects sont retirés de dessous les flasques, et tenus verticalement, le tout posé sur le pont, hors de la direction des roues.

ACTION.

## CINQUIÈME COMMANDEMENT. Deux temps.

### *Premier temps.*

*Pièce qu'on charge.* LE BOULET ET LE VALET DANS LE CANON!

Le chef se baisse, prend un boulet, le met dans le canon, le chargeur l'empêche d'en sortir, en tenant la main droite sur la bouche de la pièce. Pendant que le chef prend un valet de la main gauche, le place sur le boulet, et l'y tient jusqu'à ce que le chargeur ait présenté le refouloir, avec lequel il enfonce de suite le boulet et le valet sur la gargousse, il s'assure l'y avoir rendu par la longueur de la hampe; il allonge le bras droit de toute sa longueur, la main

*Pièces chargées.* FEU!

Le chef saisit le moment de roulis favorable pour tirer; et, dès qu'il l'a trouvé, il donne une forte secousse au cordon de la platine; si le coup ne part pas, et que le chef juge la direction encore bonne, il fait signe, avec la main droite, de mettre le feu à l'étoupille; alors le servant l'exécute en inclinant la mèche de manière que le boute-feu ne soit point au-dessus de la lumière, puis il le retire vivement, et le reporte à sa place à côté de la baille : le servant, qui tenait l'anspect, la pose sur le pont, celui qui avait la pince la don-

gauche sur la volée, le corps un peu incliné en avant, et prêt à refouler.

ne au chargeur, qui la prend de la main gauche pour en caler les roues : tous les servans, excepté le premier de droite et le pourvoyeur, se portent au palan de retraite, en arrière du chef.

ACTION.

*Deuxième temps.*

Le chargeur refoule deux coups, retire le refouloir, le donne au chef, qui le pose sur le pont. L'un et l'autre allongent les garans de palans de côtés, pour mettre la pièce en batterie, et reprennent leurs postes aussitôt.

Le chef fait palanquer la pièce hors de batterie ; quand elle est à longueur de brague, il prend le garant, et l'engage entre un des cordons et la poulie double. Le dernier servant de gauche roue le garant. Le chargeur et le pourvoyeur affalent, avec leurs mains droites, les palans de côtés ; quand la pièce est rentrée, le chargeur, qui tient la pince par le gros bout, la met devant les roues . les dents vers le bord.

ACTION.

SIXIÈME COMMANDEMENT. Un temps.

*Changez de pièce !*

Le chef suppléant passe à la pièce qu'abandonne son équipage, pour concourir, avec les deux hommes qu'on y a laissés, à la charger de nouveau.

Le chef et tous les servans, qui sont sur le palan de retraite, se portent vivement à la pièce voisine. Le chargeur et le pourvoyeur lèvent la culasse avec l'anspect, s'il est nécessaire, pour mettre la pièce à même d'être chargée.

ACTION.

Quand par l'appel de la réserve et des renforts de mousqueterie, du renfort de manœuvre et du secours d'incendie, on a réduit de moitié à peu près les équipages des pièces, et qu'ils sont trop faibles pour manœuvrer à la fois toute la batterie d'un bord, on réunit deux équipages qui passent alternativement d'une pièce à une autre, comme il est dit dans l'exercice précédent, à la différence que les chefs et les chargeurs restent constamment à leurs postes, et qu'on supprime un des pourvoyeurs. Ce mouvement se fait par le commandement de *doubler les équipages sur la droite* ou *sur la gauche*. Dans le premier cas, le chef de la pièce la plus à gauche de la batterie fait passer tous les servans, excepté le chargeur, à la pièce immédiatement à sa droite, et ainsi de suite de deux en deux pièces : au contraire, c'est l'équipage de la pièce le plus à droite de la batterie qui doit commencer le mouvement, si le doublement est prescrit sur la gauche ; mais, dans l'un et l'autre cas, tous les chefs doivent prendre, à leurs derniers servans de droite, le sac aux pierres de rechange et au vieux linge, dont ils font usage eux-mêmes, c'est donc le pourvoyeur de la pièce premièrement armée qui continue ses fonctions.

Si on retirait des pièces dans les batteries, outre les réserves et renforts de mousqueterie et de manœuvre, les détachemens d'abordages, il n'y resterait plus que le tiers ou le quart des équipages, qu'il faudrait réunir en les triplant ou quadruplant aux mêmes pièces, et indiquant en même temps sur quelle division ou section on devrait se former; alors les équipages, au nombre de quatre ou cinq, manœuvreraient huit ou dix pièces, comme à l'exercice des deux bords; il est bien entendu qu'on ne laisserait pas les chefs et chargeurs aux pièces qui seraient inactives.

L'exercice du canon des deux bords, sur les gaillards, se ferait comme dans les batteries, en ajoutant à chaque pièce deux hommes de la manœuvre; ou, si on ne le pouvait pas, il faudrait n'en armer que la moitié de chaque côté; il en est de même des caronades à recul, et de celle à bragues fixes, quand on ne pourra pas ajouter au moins un homme par pièce; mais, si on peut faire cette addition à ces dernières, les équipages serviront alternativement deux pièces de la manière suivante..... Elles auront chacune un chargeur permanent. Le pourvoyeur sera commun aux deux pièces. Le chef titulaire, qui doit pointer et tirer, permutera sans cesse avec le chef suppléant, qui ne fera que charger. Les commandemens se feront comme il suit :

## Premier commandement. — Un temps.

*Pièces qu'on charge.* Dressez la pièce!

Le chef met la volée de la pièce au milieu du sabord, à l'aide du levier de pointage, et lève ou baisse la culasse au moyen de la vis de pointage pour la mettre à même d'être chargée facilement. Le chargeur passe le corps et la jambe droite en dehors du seuillet du sabord. Il pose le pied droit sur un taquet disposé à cet effet, le pied gauche reste appuyé sur le pont.

*Pièces chargées.* Amorcez!

Le chef prend le dégorgeoir de la main droite, perce la gargousse, s'en assure par la résistance au poignet et à la longueur de la sonde. Il ouvre la boîte à étoupille, en prend une, et la ferme promptement. Il décoiffe cette étoupille, l'introduit dans la lumière. prend la corne d'amorce de la main droite, remplit de poudre le bassinet, le ferme soudain, et passe la corne derrière lui.

ACTION.

## Deuxième commandement. — Deux temps.

*Premier temps.*

*Pièces qu'on charge.* Écouvillonnez!

Le chef suppléant se tient sur la gauche de la pièce près de la culasse, il prend le dégorgeoir de la main droite et l'enfonce dans la lumière pour voir si elle est dégagée, il la bouche bien ensuite avec le pouce de la main gauche garni du doigtier. Le pourvoyeur tient son garde-feu sous le bras gauche, et présente avec la main droite l'écouvillon au chargeur, qui l'enfonce aussitôt au fond de la pièce

*Pièces chargées.* Pointez!

Le chef de pièce se place à gauche du levier de pointage, le pied gauche en avant et à plat, le genoux plié, la jambe droite allongée, les deux mains aux poignées de la vis de pointage, qu'il fait mouvoir pour élever ou abaisser la culasse jusqu'à ce que la caronade soit à la hauteur convenable.

ACTION.

*Deuxième temps.*

Le chargeur tourne plusieurs fois l'écouvillon au fond de la pièce, dans le sens nécessaire pour faire prendre son tire-bourre, il le retire en le tournant toujours du même côté; il le pose sur la volée et le secoue trois ou quatre fois pour faire tomber les culots de gargousse et la crasse. Le chef passe le dégorgeoir dans la lumière pour s'assurer qu'elle est parée; si elle ne l'était pas, il ferait écouvillonner de nouveau jusqu'à ce qu'elle le fût, et il rebouche la lumière; ensuite il nettoie la platine, met le chien au repos, et tient le bassinet ouvert.

Le chef arme la platine, en prend le cordon de la main droite, et se porte en arrière au-delà du bout du levier de pointage, dont le chargeur s'empare pour diriger la caronade d'après le signale du chef qui continue, dans la position de pointage, à tenir les points de mire de culasse et de volée sur l'alignement de l'objet. Il aide le chargeur, au besoin, sur le levier de pointage.

ACTION.

Troisième commandement. — Un temps.

*Pièces qu'on charge.* La gargousse dans la caronade!

Le chargeur passe la tête de l'écouvillon en dedans du vaisseau. Le pourvoyeur découvre le garde-feu, le présente à la volée, dirigé vers le chargeur qui en retire la gargousse, la met, à longueur de bras, dans la caronade, le culot le premier, la couture en dessous. Le pourvoyeur prend le refouloir, le donne au chargeur, remet l'écouvillon en place, et va chercher une nouvelle gargousse qu'il porte à la pièce voisine. Le chargeur enfonce la gargousse au fond de la pièce,

*Pièces chargées.* Au boute-feu!

Le chargeur va prendre le boute-feu qu'il souffle sur la baille, il le tient de la main droite, et se place à droite de la culasse, faisant face au chef, il porte la mèche à quatre doigts de la plate-bande de culasse pour mettre le feu au signal qui peut lui être fait.

refoule trois coups, abandonne la hampe du refouloir en effaçant le corps. Le chef passe le dégorgeoir dans la lumière pour s'assurer que la gargousse est rendue. Si elle ne l'était pas, il ferait refouler de nouveau jusqu'à ce qu'elle le fût. Au signal du chef, le chargeur retire le refouloir, et en pose la tête sur le pont, à gauche de la pièce. Le chef s'avance près du bord pour fournir le boulet et le valet.

ACTION.

QUATRIÈME COMMANDEMENT. — Un temps.

*Pièces qu'on charge.* LE BOULET ET LE VALET DANS LA CARONADE !

Le chef prend un boulet, le pose sur la volée de la caronade, le conduit avec les mains jusqu'à ce que le chargeur s'en empare, et le place dans la caronade ; il l'empêche d'en sortir, en tenant la main droite sur la bouche de la pièce ; le chef prend un valet et le donne au chargeur, qui l'enfonce sur le boulet, à longueur de bras, il prend ensuite le refouloir, avec lequel il rend le boulet sur la poudre ; il s'en assure par la longueur de la hampe ; il refoule deux coups, retire le refouloir, le donne au chef, qui le met à sa première place, l'un et l'autre prennent leurs postes.

*Pièces chargées.* FEU !

Le chef saisit le moment de roulis favorable pour tirer ; et, dès qu'il l'a trouvé, il donne une forte secousse au cordon de la platine ; si le coup ne part pas, et que le chef juge la direction encore bonne, il fait signe avec la main droite de mettre le feu à l'étoupille ; alors le chargeur l'exécute en inclinant la mèche de manière que le boute-feu ne soit point au-dessus de la lumière, puis il le retire vivement, et le reporte à sa place.

ACTION.

**Cinquième commandement. — Un temps.**

*Changez de pièces!*

| | |
|---|---|
| Le chef suppléant passe seul à l'autre pièce pour la charger de nouveau. | Le chef passe seul à la pièce voisine, que son suppléant vient de charger. |

ACTION.

Nota. Dans le cas qu'on puisse ajouter deux hommes à chaque équipage, ce qui en élèverait le nombre à six, les chefs et les pourvoyeurs ne permutçraient plus; alors il faudrait doubler les garde-feux, les boîtes à étoupilles, etc., et l'on supprimerait le cinquième commandement.

## DIGRESSION.

La fixation numérique des équipages des pièces de chaque calibre est plus en rapport de leur poids, dans l'ordonnance de la marine de 1786, que dans le règlement de 1809, ayant pour titre : *Exercices et Manœuvres des bouches à feu.* Que le pourvoyeur soit homme ou mousse, c'est indifférent pour la manœuvre dont on n'a point à s'occuper autrement qu'à porter de la poudre pour le service d'un bord; mais, dans l'exercice des deux bords, il remplit quelques autres fonctions qui exigent plus de force que celle ordinaire d'un enfant; il semble donc désavantageux d'attacher des mousses au service des canons à bord des vaisseaux de guerre, et conséquemment d'en embarquer un grand nombre.

En suivant ce qui est prescrit par le règlement de 1809 pour l'exercice du canon des deux bords, il ne resterait aux pièces de 36 que dix hommes, à celles de 24 que huit; et six seulement pour les pièces de 18 et de 12, quantité qu'un événement peut réduire encore, et qui devient trop petite pour conserver la même célérité que dans la manœuvre d'un seul bord; il convient, pour manœuvrer lestement, d'avoir au moins onze hommes aux canons de 36; neuf à ceux de 24; sept à ceux de 18; six à ceux de 12; et cinq à ceux de 8. Après que la gargousse est mise dans le canon et refoulée, le chef est totalement inutile près de la culasse, la lumière n'ayant plus besoin d'être bouchée; il peut s'avancer contre le bord pour fournir le boulet et le valet. Si le passage des poudres est bien établi, le pourvoyeur sera de retour avant que la pièce ait fait feu, il pourra au besoin affaler les garans du palan de gauche, et prendre d'une main les hampes de l'écouvillon et du refouloir pour les passer au chargeur, sans abandonner son garde-feu, qu'il doit soigneusement garder couvert. Un servant de gauche permanent est donc utile.

Le point important dans le combat est d'ajuster avec précision; le chef devant être plus adroit pointeur que tout autre, on lui fait tirer tous les coups. Cette disposition ne peut, dans aucun cas, produire le moindre retard. Le chargeur ou chef suppléant, ne faisant que charger les pièces, n'a besoin que d'un dégorgeoir; il ne faut pas multiplier les cornes d'amorces, les boîtes à étoupilles, etc., dont le grand nombre, répandu dans la batterie, est plus dangereux qu'utile. On peut se borner à un garde-feu, une corne d'amorces, une boîte à étoupilles, un sac à pierres, deux dégorgoirs, une épinglette et un boute-feu par équipage. Quand dans un abordage quelques pièces peuvent agir contre l'ennemi, c'est-à-dire quand les deux vaisseaux ne sont point abordés de long en long, il convient d'y réunir le peu d'hommes qui restent aux autres pièces de la batterie, afin de continuer le feu, même pour combattre du bord opposé, s'il se présentait un nouvel ennemi, et c'est ce que n'a pas prévu le règlement de 1809 sur l'exercice. La note quatrième de ce règlement indique approximativement les distances d'où l'on doit tirer de but en blanc, sans doute à boulets ronds; mais, quand les distances sont plus grandes ou plus petites, ou quand l'angle de l'axe et de la ligne de mire est différent, ces distances ne sont plus les mêmes, et le défaut d'indication fait alors estimer trop vaguement le but où l'on doit viser, suivant la charge que contient la pièce, ce qui fait perdre la plus grande partie des coups. Les tables suivantes, qui servent à préciser les pointages, démontrent en même temps le choix des mobiles et l'inutilité du tir, étant trop éloigné du but.

*Angles moyens de mire des canons employés dans la marine française.*

| 36 | 24 | 18 | 12 | 8 | | 6 | | CARONADES. | |
|---|---|---|---|---|---|---|---|---|---|
| | | | | long. | court. | long. | court | de 36 | de 28 |
| 1° 32′ | 1° 29′ | 1° 30′ | 1° 25′ | 1° 10′ | 1° 22′ | 1° 17′ | 1° 27′ | 2° 48′ | 2° 38′ |

## Canons de 36.

*Pointages à Boulet rond suivant la ligne de mire en raison des distances.*

| [A]ngles de [M]ire. | 1 Encablure. | 1 ½ | 2 | 2 ½ | 3 | 3 ½ | 4 | 4 ½ | 5 | 5 ½ | 6 |
|---|---|---|---|---|---|---|---|---|---|---|---|
| | pieds. | pieds. | pieds. | pieds. | pieds. | pieds. | pieds. | pieds. | pieds. | pieds. | pieds. |
| °. 00′ | Dessous le but. 6 | Dessous le but. 6 | Dessous le but. 2 | Des 4 | Dessus. 15 | Au-dessus. 29 | Au-dessus. 48 | Au-dessus du but. 72 | Au-dessus du but. 102 | Au-dessus du but. 138 | Au-dessus du but. 181 |
| 10′ | 8 | 8 | 6 | 0 | 10 | 23 | 41 | 64 | 93 | 128 | 171 |
| 20′ | 9 | 11 | 9 | Dessous le but. 4 | 4 | 17 | 34 | 57 | 85 | 119 | 160 |
| 30′ | 11 | 13 | 12 | 8 | Dessous. 1 | 11 | 27 | 48 | 76 | 109 | 150 |
| 40′ | 12 | 16 | 16 | 13 | 6 | 5 | 21 | 41 | 67 | 100 | 139 |
| 50′ | 14 | 18 | 19 | 17 | 11 | Dessous. 1 | 13 | 33 | 58 | 90 | 129 |
| °. 00′ | 16 | 21 | 23 | 22 | 17 | 7 | 3 | 25 | 50 | 80 | 118 |
| 10′ | 17 | 23 | 26 | 26 | 22 | 13 | Dessous. 0 | 17 | 42 | 71 | 108 |
| 20′ | 19 | 26 | 30 | 30 | 27 | 19 | 7 | 9 | 33 | 62 | 98 |
| 30′ | 21 | 28 | 33 | 34 | 32 | 25 | 14 | 2 | 24 | 52 | 88 |
| 40′ | 23 | 31 | 37 | 38 | 36 | 32 | 21 | Dessous. 6 | 15 | 43 | 77 |
| 50′ | 25 | 34 | 40 | 43 | 42 | 38 | 28 | 14 | 7 | 33 | 67 |
| . 00′ | 27 | 37 | 43 | 47 | 48 | 43 | 35 | 22 | Des. 2 | 20 | 56 |

## Pointages à Boulet ramé

*Suivant la ligne de mire en raison des distances.*

| [A]ngles de [M]ire. | 1 Encablure. | 1 ½ | 2 | 2 ½ | 3 |
|---|---|---|---|---|---|
| °. 00′ | Dessous le but. 4 | Dessous le but. 1 | Dess. 7 | Au-dessus. 20 | Au-dessus. 37 |
| 10′ | 6 | 3 | 4 | 16 | 32 |
| 20′ | 8 | 6 | 0 | 11 | 28 |
| 30′ | 9 | 8 | Dessous le but. 3 | 7 | 22 |
| 40′ | 11 | 11 | 7 | 3 | 17 |
| 50′ | 13 | 13 | 10 | Dessous. 2 | 12 |
| °. 00′ | 14 | 16 | 13 | 6 | 7 |
| 10′ | 16 | 18 | 17 | 11 | 2 |
| 20′ | 18 | 21 | 20 | 15 | Dessous. 3 |
| 30′ | 19 | 23 | 24 | 19 | 9 |
| 40′ | 21 | 26 | 27 | 23 | 14 |
| 50′ | 23 | 29 | 31 | 27 | 19 |
| . 00′ | 24 | 31 | 34 | 32 | 24 |

## Pointages à Mitraille

*Suivant la ligne de mire en raison des distances.*

| Angles de Mire. | 1 Encablure. | 1 ½ | 2 | 2 ½ | 3 |
|---|---|---|---|---|---|
| 1°. 00′ | Dessous le but. 1 | Dess. 6 | Au-dessus. 20 | Au-dessus. 42 | Au-dessus du but. 70 |
| 10′ | 3 | 4 | 17 | 38 | 65 |
| 20′ | 4 | 2 | 13 | 33 | 60 |
| 30′ | 6 | Dessous le but. 2 | 10 | 28 | 55 |
| 40′ | 8 | 4 | 7 | 23 | 49 |
| 50′ | 9 | 7 | 3 | 19 | 44 |
| 2°. 00′ | 11 | 9 | 0 | 15 | 38 |
| 10′ | 13 | 12 | Dessous 4 | 10 | 33 |
| 20′ | 14 | 14 | 7 | 6 | 28 |
| 30′ | 16 | 17 | 11 | 2 | 23 |
| 40′ | 18 | 19 | 14 | Dessous. 2 | 19 |
| 50′ | 20 | 22 | 18 | 7 | 14 |
| 3°. 00′ | 22 | 25 | 21 | 12 | 23 |

## Canon de 24.

*Pointages à Boulet rond suivant la ligne de mire en raison des distances.*

| Angles de Mire. | 1 Encablure. | 1 ½ | 2 | 2 ½ | 3 | 3 ½ | 4 | 4 ½ | 5 | 5 ½ | 6 |
|---|---|---|---|---|---|---|---|---|---|---|---|
| | pieds. | pieds. | pieds. | pieds. | pieds. | pieds. | pieds. | pieds. | pieds. | pieds. | pie[illegible] |
| 1°. 00′ | (Dessous le but.) 6 | (Dessous le but.) 6 | (Dessous le but.) 3 | (Des.) 4 | 14 | (Au-dessus.) 29 | (Au-dessus.) 49 | (Au-dessus.) 74 | (Au-dessus du but.) 106 | (Au-dessus du but.) 144 | (Au-dessus du but.) [illegible] |
| 10′ | 7 | 8 | 6 | 0 | (Dess.) 9 | 23 | 42 | 67 | 97 | 134 | [illegible] |
| 20′ | 9 | 11 | 9 | (Dessous le but.) 4 | 4 | 17 | 35 | 58 | 88 | 125 | [illegible] |
| 30′ | 11 | 14 | 12 | 9 | (Dessous le but.) 1 | 11 | 28 | 51 | 79 | 115 | [illegible] |
| 40′ | 13 | 16 | 16 | 13 | 7 | 5 | 21 | 43 | 71 | 106 | [illegible] |
| 50′ | 15 | 18 | 20 | 18 | 12 | (Dessous.) 1 | 14 | 35 | 63 | 96 | [illegible] |
| 2°. 00′ | 17 | 21 | 23 | 22 | 17 | 7 | 7 | 28 | 53 | 86 | [illegible] |
| 10′ | 18 | 24 | 27 | 26 | 22 | 13 | (Dessous.) 0 | 19 | 45 | 77 | [illegible] |
| 20′ | 20 | 27 | 30 | 31 | 27 | 19 | 7 | 12 | 36 | 67 | [illegible] |
| 30′ | 22 | 29 | 33 | 35 | 32 | 25 | 13 | 4 | 27 | 58 | |
| 40′ | 23 | 32 | 37 | 39 | 38 | 32 | 21 | (Dess.) 4 | 18 | 48 | |
| 50′ | 25 | 34 | 41 | 43 | 42 | 37 | 27 | 12 | 10 | 39 | |
| 3°. 00′ | 27 | 37 | 44 | 48 | 47 | 43 | 34 | 20 | 1 | 29 | |

### Pointages à Boulet ramé

*Suivant la ligne de mire en raison des distances.*

| Angles de Mire. | 1 Encablure. | 1 ½ | 2 | 2 ½ | 3 |
|---|---|---|---|---|---|
| 1°. 00′ | (Dessous le but.) 4 | (Dessous le but.) 1 | (Dess.) 7 | (Au-dessus.) 19 | (Au-dessus.) 37 |
| 10′ | 6 | 3 | 3 | 15 | 32 |
| 20′ | 8 | 6 | 0 | 11 | 27 |
| 30′ | 9 | 8 | (Dessous le but.) 4 | 6 | 22 |
| 40′ | 11 | 11 | 7 | 2 | 17 |
| 50′ | 13 | 14 | 11 | (Dessons.) 3 | 12 |
| 2 . 00′ | 14 | 17 | 14 | 7 | 6 |
| 10′ | 16 | 19 | 18 | 11 | 1 |
| 20′ | 18 | 22 | 21 | 16 | (Dessous.) 4 |
| 30′ | 19 | 24 | 24 | 20 | 9 |
| 40′ | 21 | 27 | 28 | 24 | 15 |
| 50′ | 22 | 29 | 32 | 28 | [illegible] |
| 3°. 00′ | 24 | 32 | 35 | 33 | 25 |

### Pointages à Mitraille

*Suivant la ligne de mire en raison des distances.*

| Angles de Mire. | 1 Encablure. | 1 ½ | 2 | 2 ½ | 3 |
|---|---|---|---|---|---|
| 1°. 02′ | (Dessous le but.) 2 | (Dess.) 6 | (Au-dessus.) 19 | (Au-dessus du but.) 40 | (Au-dessus du but.) [illegible] |
| 10′ | 3 | 3 | 16 | 36 | [illegible] |
| 20′ | 5 | 1 | 13 | 32 | [illegible] |
| 30′ | 7 | (Dessous le but.) 2 | 9 | 27 | [illegible] |
| 40′ | 8 | 4 | 5 | 23 | [illegible] |
| 50′ | 10 | 7 | 2 | 18 | [illegible] |
| 2°. 00′ | 12 | 10 | (Dessous.) 2 | 14 | [illegible] |
| 10′ | 13 | 12 | 5 | 10 | [illegible] |
| 20′ | 15 | 15 | 8 | 5 | [illegible] |
| 30′ | 17 | 18 | 12 | 1 | [illegible] |
| 40′ | 18 | 20 | 15 | (Dess.) 2 | [illegible] |
| 50′ | 20 | 23 | 18 | 7 | [illegible] |
| 3°. 00′ | 22 | 25 | 23 | 12 | [illegible] |

## Canons de 18.

*Pointages à Boulet rond suivant la ligne de mire en raison des distances.*

| Angles de Mire. | 1 Encablure. | 1 ½ | 2 | 2 ½ | 3 | 3 ½ | 4 | 4 ½ | 5 | 5 ½ | 6 |
|---|---|---|---|---|---|---|---|---|---|---|---|
| | pieds. | pieds. | pieds. | pieds. | pieds. | pieds. | pieds. | pieds. | pieds. | pieds. | pieds. |
| 1°. 00′ | 6 [Dessous le but.] | 6 [Dessous le but.] | 2 [Dessous le but.] | 4 [Des.] | 15 [Dessus.] | 30 [Au-dessus.] | 50 [Au-dessus.] | 77 [Au-dessus du but.] | 110 [Au-dessus du but.] | 151 [Au-dessus du but.] | 201 [Au-dessus du but.] |
| 10′ | 8 | 8 | 6 | 0 | 9 | 24 | 43 | 69 | 102 | 142 | 190 |
| 20′ | 10 | 11 | 10 | 5 [Dessous le but.] | 4 | 18 | 37 | 61 | 94 | 132 | 180 |
| 30′ | 12 | 13 | 13 | 9 | 1 [Dessous le but.] | 12 | 29 | 53 | 84 | 123 | 169 |
| 40′ | 13 | 17 | 17 | 13 | 6 | 6 | 22 | 46 | 75 | 113 | 159 |
| 50′ | 15 | 19 | 20 | 17 | 12 | 1 [Dessous.] | 16 | 37 | 67 | 103 | 148 |
| 2°. 00′ | 17 | 22 | 23 | 22 | 17 | 7 | 8 | 30 | 58 | 93 | 138 |
| 10′ | 18 | 24 | 27 | 27 | 22 | 13 | 2 | 23 | 49 | 84 | 127 |
| 20′ | 20 | 27 | 30 | 31 | 27 | 18 | 5 [Dessous.] | 14 | 41 | 75 | 118 |
| 30′ | 21 | 29 | 33 | 35 | 32 | 25 | 12 | 7 | 32 | 65 | 107 |
| 40′ | 23 | 32 | 37 | 39 | 37 | 31 | 19 | 2 [Dessous] | 23 | 56 | 97 |
| 50′ | 25 | 34 | 41 | 43 | 42 | 37 | 26 | 9 | 14 | 46 | 86 |
| 3°. 00′ | 27 | 37 | 44 | 48 | 48 | 43 | 33 | 17 | 6 | 37 | 76 |

### Pointages à Boulet ramé

*Suivant la ligne de mire en raison des distances.*

| Angles de Mire. | 1 Encablure. | 1 ½ | 2 | 2 ½ | 3 |
|---|---|---|---|---|---|
| 1°. 00′ | 4 [Dessous le but.] | 2 [Dessous le but.] | 7 [Des.] | 19 [Au-dessus.] | 38 [Au-dessus du but.] |
| 10′ | 6 | 4 | 2 | 15 | 33 |
| 20′ | 8 | 7 | 1 [Dessous le but.] | 10 | 28 |
| 30′ | 9 | 8 | 4 | 6 | 22 |
| 40′ | 11 | 12 | 8 | 2 | 17 |
| 50′ | 13 | 14 | 11 | 3 [Dessous.] | 12 |
| 2°, 00′ | 14 | 17 | 14 | 7 | 7 |
| 10′ | 16 | 19 | 17 | 12 | 1 |
| 20′ | 18 | 22 | 22 | 16 | 4 [Dessous.] |
| 30′ | 19 | 24 | 25 | 20 | 9 |
| 40′ | 22 | 27 | 28 | 24 | 14 |
| 50′ | 23 | 30 | 32 | 28 | 20 |
| 3°, 00′ | 25 | 33 | 35 | 33 | 25 |

### Pointages à Mitraille

*Suivant la ligne de mire en raison des distances.*

| Angles de Mire. | 1 Encablure. | 1 ½ | 2 | 2 ½ | 3 |
|---|---|---|---|---|---|
| 1°. 00′ | 2 [Dessous le but.] | 5 [Dessus.] | 19 [Au-dessus.] | 40 [Au-dessus.] | 70 [Au-dessus du but.] |
| 10′ | 3 | 3 | 15 | 36 | 64 |
| 20′ | 5 | 0 | 12 | 31 | 59 |
| 30′ | 7 | 3 [Dessous le but.] | 8 | 27 | 54 |
| 40′ | 8 | 5 | 5 | 23 | 49 |
| 50′ | 10 | 8 | 2 | 19 | 43 |
| 2°. 00′ | 12 | 10 | 2 [Dessous] | 14 | 38 |
| 10′ | 13 | 13 | 5 | 9 | 33 |
| 20′ | 15 | 15 | 9 | 5 | 28 |
| 30′ | 17 | 18 | 13 | 1 | 23 |
| 40′ | 18 | 20 | 16 | 3 [Dessous] | 18 |
| 50′ | 20 | 23 | 19 | 7 | 13 |
| 3°. 00′ | 22 | 26 | 22 | 12 | 7 |

## Canons de 12.

*Pointages à Boulet rond suivant la ligne de mire en raison des distances.*

| Angles de Mire. | 1 Encablure. | 1 ½ | 2 | 2 ½ | 3 | 3 ½ | 4 | 4 ½ | 5 | 5 ½ | 6 |
|---|---|---|---|---|---|---|---|---|---|---|---|
| | pieds. | pieds. | pieds. | pieds. | pieds. | pieds | pieds. | pieds. | pieds. | pieds. | pied[illegible] |
| 1°. 00′ | (Dessous le but.) 7 | (Dessous le but.) 6 | (Dessous le but.) 2 | (Des.) 4 | (Dessus.) 16 | (Au-dessus.) 32 | (Au-dessus.) 54 | (Au-dessus du but.) 82 | (Au-dessus du but.) 119 | (Au-dessus du but.) 164 | (Au-dessus du but.) 22[illegible] |
| 10′ | 8 | 8 | 6 | 0 | 11 | 26 | 47 | 75 | 111 | 155 | 20[illegible] |
| 20′ | 10 | 11 | 10 | (Dessous le but.) 4 | 5 | 20 | 40 | 67 | 102 | 146 | 19 |
| 30′ | 12 | 13 | 13 | 8 | 0 | 13 | 33 | 59 | 93 | 136 | 1[illegible] |
| 40′ | 13 | 17 | 17 | 13 | (Dessous le but.) 5 | 8 | 26 | 52 | 84 | 127 | 17 |
| 50′ | 15 | 19 | 20 | 17 | 10 | 2 | 19 | 43 | 76 | 117 | 16 |
| 2°. 00′ | 17 | 22 | 23 | 22 | 16 | (Dessous.) 5 | 13 | 36 | 67 | 107 | 15 |
| 10′ | 18 | 24 | 27 | 26 | 21 | 11 | 5 | 28 | 58 | 98 | 14 |
| 20′ | 20 | 27 | 30 | 30 | 26 | 17 | (Dessous.) 2 | 20 | 50 | 88 | 13 |
| 30′ | 22 | 29 | 33 | 34 | 31 | 2 | 8 | 13 | 41 | 78 | 1[illegible] |
| 40′ | 23 | 32 | 37 | 39 | 37 | 29 | 16 | 4 | 33 | 69 | 11 |
| 50′ | 25 | 34 | 41 | 43 | 42 | 35 | 22 | (Des.) 3 | 23 | 59 | 1[illegible] |
| 3°. 00′ | 27 | 37 | 45 | 48 | 46 | 41 | 29 | 11 | 15 | 50 | [illegible] |

### Pointages à Boulet ramé

*Suivant la ligne de mire en raison des distances.*

| Angles de Mire. | 1 Encablure. | 1 ½ | 2 | 2 ½ | 3 |
|---|---|---|---|---|---|
| 1°. 00′ | (Dessous le but.) 4 | (Dessous le but.) 2 | (Des.) [illegible] | (Au-dessus.) 19 | (Au-dessus du but.) 39 |
| 10′ | 6 | 4 | 3 | 15 | 34 |
| 20′ | 8 | 6 | (Dessous le but.) 1 | 11 | 28 |
| 30′ | 9 | 9 | 4 | 7 | 23 |
| 40′ | 11 | 12 | 8 | 2 | 18 |
| 50′ | 13 | 14 | 11 | (Dessous.) 3 | 13 |
| 2°. 00′ | 14 | 17 | 14 | 7 | 8 |
| 10′ | 17 | 19 | 17 | 11 | 2 |
| 20′ | 18 | 22 | 21 | 15 | (Dessous.) 2 |
| 30′ | 20 | 24 | 25 | 19 | 8 |
| 40′ | 22 | 27 | 28 | 24 | 13 |
| 50′ | 23 | 30 | 32 | 28 | 18 |
| 3°. 00′ | 25 | 33 | 35 | 32 | 23 |

### Pointages à Mitraille

*Suivant la ligne de mire en raison des distances.*

| Angles de Mire. | 1 Encablure. | 1 ½ | 2 | 2 ½ | 3 |
|---|---|---|---|---|---|
| 1°. 00′ | (Dessous le but.) 2 | (Dessus.) 5 | (Au-dessus.) 19 | (Au-dessus du but.) 40 | (Au-dessus du but.) 7 |
| 10′ | 3 | 3 | 16 | 36 | 6 |
| 20′ | 5 | 0 | 12 | 32 | 6 |
| 30′ | 7 | (Dessous.) 2 | 8 | 28 | 5 |
| 40′ | 8 | 5 | 5 | 23 | 5 |
| 50′ | 10 | 8 | 2 | 19 | 4 |
| 2°. 00′ | 12 | 10 | (Dessous.) 2 | 14 | 4 |
| 10′ | 13 | 13 | 5 | 10 | 3 |
| 20′ | 15 | 15 | 8 | 6 | 3 |
| 30′ | 17 | 17 | 13 | 2 | 2 |
| 40′ | 18 | 20 | 16 | (Dessous) 3 | [illegible] |
| 50′ | 20 | 23 | 19 | 7 | [illegible] |
| 3° 00′ | 22 | 26 | 23 | 12 | [illegible] |

## Canons de 8.

*Pointages à Boulet rond suivant la ligne de mire en raison des distances.*

| GLES de ire. | 1 Encablure. | 1 ½ | 2 | 2 ½ | 3 | 3 ½ | 4 | 4 ½ | 5 | 5 ½ | 6 |
|---|---|---|---|---|---|---|---|---|---|---|---|
| | pieds. | pieds. | pieds | pieds | pieds. | pieds. | pieds. | pieds. | pieds. | pieds. | pieds. |
| . 00' | Dessous le but. 7 | Dessous le but. 6 | Dessous le but. 3 | Des 4 | Au-dessus. 17 | Au-dessus. 33 | Au-dessus. 58 | Au-dessus du but. 89 | Au-dessus du but. 129 | Au-dessus du but. 130 | Au-dessus du but. 253 |
| 10' | 8 | 9 | 6 | 0 | 11 | 27 | 51 | 82 | 121 | 171 | 242 |
| 20' | 10 | 12 | 10 | Dessous le but. 4 | 6 | 22 | 43 | 73 | 113 | 162 | 231 |
| 30' | 12 | 14 | 13 | 8 | 1 | 16 | 36 | 66 | 103 | 152 | 220 |
| 40' | 13 | 17 | 17 | 13 | Dessous le but. 4 | 9 | 30 | 58 | 95 | 143 | 210 |
| 50' | 15 | 19 | 20 | 17 | 10 | 3 | 23 | 50 | 86 | 133 | 199 |
| . 00' | 17 | 22 | 23 | 22 | 15 | Dessous le but. 3 | 16 | 42 | 77 | 123 | 189 |
| 10' | 18 | 24 | 27 | 26 | 20 | 9 | 9 | 34 | 68 | 113 | 178 |
| 20' | 20 | 27 | 30 | 30 | 25 | 15 | 2 | 27 | 60 | 104 | 166 |
| 30' | 22 | 29 | 34 | 34 | 30 | 21 | Dessous. 5 | 19 | 52 | 94 | 154 |
| 40' | 23 | 32 | 37 | 39 | 36 | 27 | 12 | 11 | 43 | 85 | 142 |
| 50' | 25 | 34 | 41 | 43 | 41 | 33 | 19 | 3 | 34 | 75 | 130 |
| . 00' | 27 | 37 | 44 | 48 | 46 | 39 | 26 | Des. 5 | 25 | 65 | 118 |

### Pointages à Boulet ramé

*uivant la ligne de mire en raison des distances.*

| GLES de ire. | 1 Encablure. | 1 ½ | 2 | 2 ½ | 3 |
|---|---|---|---|---|---|
| . 00' | Dessous le but. 4 | Dessous le but 2 | Des. 6 | Au-dessus. 19 | Au-dessus du but. 40 |
| 10' | 6 | 4 | 3 | 15 | 35 |
| 20' | 8 | 7 | Dessous le but. 1 | 11 | 30 |
| 30' | 10 | 9 | 4 | 7 | 24 |
| 40' | 12 | 12 | 7 | 3 | 19 |
| 50' | 13 | 14 | 11 | Dessous. 3 | 14 |
| . 00' | 15 | 17 | 14 | 7 | 9 |
| 10' | 17 | 19 | 18 | 11 | 3 |
| 20' | 18 | 23 | 22 | 15 | Dessous. 2 |
| 30' | 20 | 25 | 25 | 19 | 7 |
| 40' | 22 | 27 | 28 | 23 | 12 |
| 50' | 23 | 30 | 32 | 28 | 17 |
| 00' | 25 | 32 | 35 | 33 | 23 |

### Pointages à Mitraille

*Suivant la ligne de mire en raison des distances.*

| Angles de Mire. | 1 Encablure. | 1 ½ | 2 | 2 ½ | 3 |
|---|---|---|---|---|---|
| 1°. 00' | Dessous le but. 2 | Dessus. 5 | Au-dessus. 18 | Au-dessus. 40 | Au-dessus du but. 74 |
| 10' | 3 | 2 | 15 | 36 | 68 |
| 20' | 5 | 0 | 12 | 32 | 63 |
| 30' | [illegible] | Dessous. 3 | 8 | 28 | 58 |
| 40' | 8 | 5 | 5 | 23 | 53 |
| 50' | 10 | 8 | 2 | 19 | 47 |
| 2°. 00' | 12 | 11 | Dessous. 2 | 14 | 42 |
| 10' | 14 | 13 | 6 | 10 | 37 |
| 20' | 16 | 16 | 9 | 6 | 32 |
| 30' | 18 | 18 | 12 | 2 | 27 |
| 40' | 19 | 21 | 16 | Dessous 3 | 21 |
| 50' | 21 | 23 | 19 | 7 | 16 |
| 3°. 00' | 23 | 27 | 23 | 12 | 11 |

## Canons de 6.

*Pointages à Boulet rond suivant la ligne de mire en raison des distances.*

| Angles de Mire. | 1 Encablure. | 1 ½ | 2 | 2 ½ | 3 | 3 ½ | 4 | 4 ½ | 5 | 5 ½ | 6 |
|---|---|---|---|---|---|---|---|---|---|---|---|
| | pieds. | pieds | pieds. | pieds. | pieds. | pieds. | pieds. | pieds. | pieds. | pieds. | pi[illegible] |
| 1°. 00′ | 7 | 6 | 3 | 6 | 18 | 37 | 64 | 99 | 144 | 203 | [illegible] |
| 10′ | 8 | 8 | 6 | 2 | 13 | 32 | 57 | 91 | 136 | 193 | [illegible] |
| 20′ | 10 | 11 | 9 | 3 | 8 | 26 | 50 | 83 | 126 | 183 | [illegible] |
| 30′ | 12 | 13 | 12 | 7 | 3 | 19 | 43 | 76 | 118 | 173 | [illegible] |
| 40′ | 13 | 16 | 16 | 12 | 2 | 13 | 36 | 68 | 109 | 163 | [illegible] |
| 50′ | 15 | 19 | 19 | 16 | 7 | 8 | 29 | 60 | 101 | 153 | [illegible] |
| 2°. 00′ | 17 | 22 | 23 | 20 | 12 | 2 | 23 | 52 | 93 | 143 | [illegible] |
| 10′ | 18 | 24 | 27 | 24 | 18 | 5 | 16 | 44 | 83 | 134 | [illegible] |
| 20′ | 20 | 27 | 30 | 28 | 22 | 11 | 8 | 37 | 75 | 125 | [illegible] |
| 30′ | 22 | 29 | 33 | 33 | 28 | 17 | 2 | 28 | 66 | 116 | [illegible] |
| 40′ | 23 | 32 | 37 | 37 | 33 | 23 | 5 | 21 | 58 | 106 | [illegible] |
| 50′ | 25 | 34 | 40 | 42 | 38 | 29 | 12 | 13 | 48 | 97 | [illegible] |
| 3°. 00′ | 27 | 37 | 43 | 46 | 43 | 35 | 19 | 5 | 40 | 87 | [illegible] |
| | Dessous le but. | Dessous le but. | Dessous le but. | Des. / Dessous le but. | Au-dessus / Dessous le but. | Au-dessus. / Dessous. | Au-dessus du but. / Dessous | Au-dessus du but. | Au-dessus du but. | Au-dessus du but. | Au-dessus du but. |

### Pointages à Boulet ramé

*Suivant la ligne de mire en raison des distances.*

| Angles de Mire. | 1 Encablure. | 1 ½ | 2 | 2 ½ | 3 |
|---|---|---|---|---|---|
| 1°. 00′ | 4 | 1 | 7 | 22 | 43 |
| 10′ | 6 | 4 | 3 | 18 | 38 |
| 20′ | 8 | 6 | 0 | 13 | 33 |
| 30′ | 9 | 9 | 3 | 9 | 28 |
| 40′ | 11 | 12 | 7 | 4 | 23 |
| 50′ | 13 | 15 | 10 | 0 | 18 |
| 2°. 00′ | 15 | 17 | 13 | 4 | 12 |
| 10′ | 17 | 19 | 18 | 8 | 7 |
| 20′ | 18 | 22 | 21 | 12 | 2 |
| 30′ | 20 | 24 | 24 | 17 | 3 |
| 40′ | 22 | 27 | 27 | 22 | 8 |
| 50′ | 23 | 29 | 31 | 26 | 13 |
| 3°. 00′ | 25 | 33 | 34 | 30 | 19 |
| | Dessous le but. | Dessous le but. | Au-des / Dessous le but. | Au-dessus. / Dessous. | Au-dessus du but. / Dessous. |

### Pointages à Mitraille

*Suivant la ligne de mire en raison des distances.*

| Angles de Mire. | 1 Encablure. | 1 ½ | 2 | 2 ½ | 3 |
|---|---|---|---|---|---|
| 1°. 00′ | 2 | 5 | 20 | 44 | [illegible] |
| 10′ | 3 | 2 | 17 | 40 | [illegible] |
| 20′ | 5 | 0 | 13 | 35 | [illegible] |
| 30′ | 7 | 3 | 10 | 31 | [illegible] |
| 40′ | 8 | 5 | 6 | 26 | [illegible] |
| 50′ | 10 | 8 | 2 | 22 | [illegible] |
| 2°. 00′ | 12 | 10 | 1 | 18 | [illegible] |
| 10′ | 13 | 13 | 4 | 14 | [illegible] |
| 20′ | 15 | 15 | 7 | 10 | [illegible] |
| 30′ | 17 | 18 | 11 | 5 | [illegible] |
| 40′ | 18 | 20 | 14 | 1 | [illegible] |
| 50′ | 20 | 23 | 18 | 3 | [illegible] |
| 3°. 00′ | 22 | 26 | 22 | 8 | [illegible] |
| | Dessous le but | Au-des / Dessous le but. | Au-dessus. / Dessous. | Au-dessus du but. / Des. | Au-dessus du but. |

## TABLE

*hauteurs de différentes parties du Corps et de la Mâture s Bâtimens de guerre, selon leurs rangs, exprimés en pieds pouces.*

| CATIONS DES PARTIES AU-DESSUS NIVEAU DE LA MER. | VAISSEAUX DE | | | | FRÉGATES DE | | CORVETTES DE | |
|---|---|---|---|---|---|---|---|---|
| | 118 | 80. | 74. | 64. | 44. | 36. | 24. | 18. |
| | pds. p. | pds. p. | pds. p. | pds. p. | pds. p. | pds. p. | pds. p. | pds, p. |
| De la première batterie. | 5 3 | 5 4 | 5 4 | 5 2 | 6 6 | 6 0 | 5 6 | 4 0 |
| De la seconde batterie. | 12 0 | 12 0 | 12 0 | 11 9 | » » | » » | » » | » » |
| De la troisième batterie. | 18 3 | » » | » » | » » | » » | » » | » » | » » |
| Des gaillards. | 24 4 | 18 0 | 18 0 | 17 9 | 12 6 | 12 0 | 11 3 | » » |
| De la dunette (plat bord). | 30 2 | 23 9 | 23 9 | 23 6 | » » | » » | » » | » » |
| Grande vergue. | 72 | 67 | 62 | 59 | 55 | 52 | 38 | 37 |
| Grande hune. | 85 | 79 | 73 | 70 | 66 | 62 | 46 | 45 |
| Grand chouquet. | 102 | 95 | 88 | 84 | 79 | 74 | 55 | 53 |
| Vergue du gr. hunier (haute). | 138 | 131 | 122 | 114 | 107 | 99 | 74 | 68 |
| Barres de perroquet. | 146 | 139 | 130 | 121 | 114 | 105 | 80 | 72 |
| Chouquet du gr. mât de hune. | 155 | 147 | 138 | 128 | 121 | 111 | 84 | 76 |
| Capelage du mât de perroquet. | 180 | 172 | 160 | 148 | 142 | 130 | 98 | 90 |
| Vergue de misaine. | 67 | 60 | 57 | 55 | 48 | 47 | 32 | 32 |
| Hune de misaine. | 80 | 72 | 68 | 65 | 59 | 57 | 41 | 39 |
| Chouquet de misaine. | 96 | 87 | 82 | 78 | 71 | 66 | 50 | 47 |
| Vergue de petit hunier (haute). | 128 | 120 | 111 | 105 | 95 | 90 | 66 | 62 |
| Barres de perroquet. | 136 | 128 | 119 | 112 | 102 | 96 | 71 | 66 |
| Chouquet du gr. mât de hune. | 144 | 136 | 127 | 119 | 109 | 102 | 76 | 70 |
| Capelage du mât de perroquet. | 165 | 158 | 147 | 136 | 128 | 120 | 89 | 84 |
| Vergue barrée. | 65 | 60 | 57 | 54 | 49 | 48 | 30 | » |
| Hune d'artimon. | 76 | 70 | 67 | 63 | 58 | 56 | 37 | » |
| Chouquet d'artimon. | 87 | 80 | 77 | 72 | 67 | 64 | 44 | » |
| Verg. du hunier d'art. (haute). | 112 | 103 | 100 | 92 | 88 | 85 | 53 | » |
| Barres de perroquet d'artimon. | 119 | 110 | 106 | 97 | 93 | 90 | 57 | » |
| Chouquet du mât de hune. | 125 | 116 | 111 | 102 | 99 | 95 | 61 | » |
| Capelage du mât de perroq. | 145 | 134 | 128 | 115 | 113 | 110 | 69 | » |

*Détermination des distances entre deux Bâtimens en mesurant l'ar opposé à la hauteur de la mâture de l'un d'eux au-dessus du niv de la mer.*

| DISTANCES en encâblure. | | VAISSEAUX DE | | | | | | | |
|---|---|---|---|---|---|---|---|---|---|
| | | 118. | | 80. | | 74. | | 64. | |
| | | 180 pieds ou Capelage. | 146 pieds ou barres. | 172 pieds ou Capelage. | 139 pieds ou barres. | 160 pieds ou Capelage. | 130 pieds ou barres. | 148 pieds ou barres. | 121 … bar… |
| 0 | ½ | 30° 58′ | 25° 57′ | 29° 50′ | 24° 52′ | 28° 04′ | 23° 26′ | 26° 16′ | 21° |
| 1 | 0 | 16° 42′ | 13° 41′ | 16° 00′ | 13° 03′ | 14° 56′ | 12° 14′ | 13° 51′ | 11° |
| 1 | ½ | 11° 19′ | 9° 13′ | 10° 49′ | 8° 47′ | 10° 05′ | 8° 13′ | 9° 20′ | 7° |
| 2 | 0 | 8° 32′ | 6° 56′ | 8° 09′ | 6° 36′ | 7° 36′ | 6° 11′ | 7° 02′ | 5° |
| 2 | ½ | 6° 51′ | 5° 34′ | 6° 32′ | 5° 18′ | 6° 05′ | 4° 57′ | 5° 38′ | 4° |
| 3 | 0 | 5° 43′ | 4° 38′ | 5° 28′ | 4° 25′ | 5° 06′ | 4° 08′ | 4° 42′ | 3° |
| 3 | ½ | 4° 54′ | 3° 59′ | 4° 41′ | 3° 47′ | 4° 21′ | 3° 33′ | 4° 02′ | 3° |
| 4 | 0 | 4° 17′ | 3° 29′ | 4° 06′ | 3° 19′ | 3° 49′ | 3° 06′ | 3° 32′ | 2° |
| 4 | ½ | 3° 49′ | 3° 06′ | 3° 39′ | 2° 57′ | 3° 23′ | 2° 45′ | 3° 08′ | 2° |
| 5 | 0 | 3° 26′ | 2° 47′ | 3° 17′ | 2° 39′ | 3° 03′ | 2° 29′ | 2° 49′ | 2° |
| 5 | ½ | 3° 07′ | 2° 32′ | 2° 59′ | 2° 25′ | 2° 47′ | 2° 15′ | 2° 34′ | 2° |
| 6 | 0 | 2° 52′ | 2° 19′ | 2° 44′ | 2° 13′ | 2° 33′ | 2° 04′ | 2° 21′ | 1° |
| 6 | ½ | 2° 39′ | 2° 09′ | 2° 32′ | 2° 02′ | 2° 21′ | 1° 55′ | 2° 10′ | 1° |

| DISTANCES en encâblure. | | FRÉGATES DE | | | | CORVETTES DE | | | |
|---|---|---|---|---|---|---|---|---|---|
| | | 44. | | 36. | | 24. | | 18. | |
| | | 142 pieds ou Capelage. | 114 pieds ou barres. | 130 pieds ou Capelage. | 105 pieds ou barres. | 98 pds ou Capelage. | 80 pieds ou barres. | 90 pieds ou Capelage. | 72 … ba… |
| 0 | ½ | 25° 20′ | 20° 48′ | 23° 26′ | 19° 17′ | 18° 05′ | 14° 56′ | 16° 42′ | 13° |
| 1 | 0 | 13° 37′ | 10° 46′ | 12° 14′ | 9° 56′ | 9° 17′ | 7° 36′ | 8° 32′ | 6° |
| 1 | ½ | 8° 58′ | 7° 13′ | 8° 13′ | 6° 39′ | 6° 13′ | 5° 05′ | 5° 43′ | 4° |
| 2 | 0 | 6° 45′ | 5° 26′ | 6° 11′ | 5° 00′ | 4° 40′ | 3° 49′ | 4° 17′ | 3° |
| 2 | ½ | 5° 24′ | 4° 21′ | 4° 57′ | 4° 00′ | 3° 44′ | 3° 03′ | 3° 26′ | 2° |
| 3 | 0 | 4° 31′ | 3° 37′ | 4° 08′ | 3° 20′ | 3° 07′ | 2° 33′ | 2° 52′ | 2° |
| 3 | ½ | [illegible]° 52′ | 3° 06′ | 3° 33′ | 2° 52′ | 2° 40′ | 2° 11′ | [illegible]° 27′ | 1° |
| 4 | 0 | 3° 23′ | 2° 43′ | 3° 06′ | 2° 30′ | 2° 20′ | 1° 55′ | 2° 09′ | 1 |
| 4 | ½ | 3° 01′ | 2° 25′ | 2° 45′ | 2° 14′ | 2° 05′ | 1° 42′ | 1° 55′ | 1° |
| 5 | 0 | 2° 43′ | 2° 11′ | 2° 29′ | 2° 00′ | 1° 52′ | 1° 32′ | 1° 46′ | 1° |
| 5 | ½ | 2° 28′ | 1° 59′ | 2° 15′ | 1° 49′ | 1° 42′ | 1° 23′ | 1° 34′ | 1° |
| 6 | 0 | 2° 16′ | 1° 49′ | 2° 04′ | 1° 40′ | 1° 34′ | 1° 16′ | 1° 27′ | 1° |
| 6 | ½ | 2° 05′ | 1° 40′ | 1° 55′ | 1° 33′ | 1° 26′ | 1° 11′ | 1° 19′ | 1° |

*Table des abaissemens des Boulets ronds tirés horizontalement.*

| DISTANCES en Encâblures. | CALIBRES DES CANONS. | | | | | | | | | | | |
|---|---|---|---|---|---|---|---|---|---|---|---|---|
| | 36. Abaissemens. | | 24. Abaissemens. | | 18. Abaissemens. | | 12. Abaissemens. | | 8. Abaissemens. | | 6. Abaissemens. | |
| | pds. | centiè. | pds. | centiè. | pds. | centiè. | pds. | centiè. | pds. | centiè. | pds. | centiè. |
| 1 | 4 | 21 | 4 | 04 | 3 | 95 | 3 | 88 | 3 | 77 | 3 | 82 |
| 1 ½ | 9 | 94 | 9 | 63 | 9 | 42 | 9 | 41 | 9 | 23 | 9 | 16 |
| 2 | 18 | 61 | 18 | 12 | 17 | 94 | 17 | 99 | 17 | 87 | 18 | 45 |
| 2 ½ | 30 | 42 | 30 | 01 | 29 | 87 | 30 | 20 | 30 | 23 | 31 | 82 |
| 3 | 45 | 96 | 45 | 58 | 45 | 76 | 46 | 72 | 47 | 46 | 49 | 77 |
| 3 ½ | 65 | 60 | 65 | 57 | 66 | 20 | 68 | 18 | 70 | 06 | 74 | 05 |
| 4 | 89 | 83 | 90 | 48 | 91 | 97 | 95 | 49 | 99 | 17 | 105 | 61 |
| 4 ½ | 118 | 74 | 120 | 93 | 123 | 69 | 129 | 50 | 135 | 92 | 145 | 85 |
| 5 | 154 | 23 | 157 | 61 | 162 | 20 | 171 | 24 | 181 | 62 | 196 | 35 |
| 5 ½ | 195 | 44 | 201 | 32 | 208 | 38 | 221 | 84 | 237 | 73 | 258 | 96 |
| 6 | 243 | 71 | 252 | 72 | 263 | 24 | 282 | 56 | 305 | 91 | 335 | 78 |
| 7 | 346 | 78 | 375 | 56 | 381 | 99 | 408 | 95 | 457 | 13 | 507 | 83 |

*Nota.* C'est à l'aide de cette Table qu'on a dressé les précédentes ; pour le tir à boulet rond, de nombreuses épreuves ont donné la dépression du boulet ramé dans le rapport au boulet rond, comme 3 est à 2, et pour la mitraille au boulet rond comme 11 est à 5, on s'est servi de ce rapport pour tracer les trajectoires de ces mobiles et former les Tables qui leur sont relatives.

Les tables précédentes sont extraites de nombreuses expériences faites avec soin par M. de Churruca, capitaine de vaisseau de la marine espagnole. Il est à désirer qu'on en dresse de semblables pour le tir, avec deux boulets ronds à la fois, avec un boulet rond et un boulet ramé, ou paquet de mitraille. Quoique les portées de ce genre ne soient pas très-étendues, il serait avantageux de les avoir déterminées avec précision : toutefois, on peut dire que chargeant avec un boulet rond et un boulet ramé, ou paquet de mitraille, il faut mettre le boulet le premier dans la pièce, si l'on veut qu'ils aillent à peu près également loin; dans le cas contraire, le boulet rond conserve une assez grande portée, mais la mitraille *surtout* tombe à très-petite distance. Depuis l'adoption des caronades en fer, dans la marine française, on a fait beaucoup d'épreuves sur leur portée : le défaut de renseignemens, à cet égard, empêche de tracer ici la trajectoire de tout leur mobile, et d'en dresser des tables exactes comme le sont celles pour les canons. Cependant on peut, sans craindre d'erreurs considérables, appliquer aux caronades de 36 la table des canons de 8, et aux caronades de 24 celle des canons de 6 : de même qu'on peut considérer la charge des pièces avec deux boulets ronds comme égale, pour la portée, à celle du boulet ramé; mais, *on le répète*, mieux vaudrait des tables basées sur des faits. On a la preuve ici qu'à trois encâblures, le tir de la mitraille est très-incertain, et que le boulet ramé a déjà une grande dépression; qu'à cinq ou six encâblures, le boulet rond est jeté au hasard. Quand on combat à de plus grandes distances, on fait plus de bruit que de mal à son ennemi. Le moyen de faire un usage avantageux de ces tables serait d'indiquer, dans les batteries, la distance à l'ennemi; les officiers ayant écrit sur une bande de papier (qu'ils pourraient coller dans l'entonnoir de leur porte-voix) les portées pour l'angle des pièces qu'ils surveillent, indiqueraient aux chefs sur quelle partie de la mâture ou de la muraille du vaisseau ennemi il faudrait viser. Par exemple, étant à une encâblure et demie, les canons de 36, dont l'angle de mire est de 1 degré 30 minutes environ, atteindraient les porte-haubans d'un vaisseau à deux batteries, avec un boulet rond, si on ajustait au ras de la préceinte : avec un boulet ramé, si on visait au-dessus des sabords de la batterie basse; et avec de la mitraille, à deux pieds au-dessous de ces porte-haubans, c'est-à-dire, au haut des sabords de la seconde batterie. Si on était à trois encâblures, avec un boulet rond, on pointerait au but même; avec un boulet ramé, il faudrait viser à la moitié de la hauteur des basses voiles; et, avec de la mitraille, on ajusterait aux hunes. Mais, si on avait six encâblures de distance, les boulets ramés et la mitraille n'y atteindraient pas; et pour que le boulet rond y parvienne, il faudrait pointer au-dessus du capelage du grand mât de perroquet.

---

# TABLE.



FIN DE LA TABLE.

PARIS. — IMPRIMERIE ET FONDERIE DE FAIN, RUE RACINE N°. 4.

www.ingramcontent.com/pod-product-compliance
Ingram Content Group UK Ltd.
Pitfield, Milton Keynes, MK11 3LW, UK
UKHW021821190726
13853UKWH00003B/1101